여하튼
,
철학을 팝니다
●

여하튼, 철학을 팝니다

김희림 지음 길다래 그림

자음과모음

사랑하는 가족들에게,
그리고 지금도 철학함을 배우는
이 시대의 청춘들에게

쓴웃음

웃음은 공공연합니다. 웃음을 파는 이를 여러 사람들이 구경하고, 웃음을 파는 곳에는 늘 많은 사람들이 모이죠. 웃음은 그 소재에도 경계가 없습니다. 지극히 일상적인 것부터 누구도 손 댈 수 없던 금기까지 세상 모든 것은 웃음거리가 될 수 있습니다. 울음은 조금 다릅니다. 울음에도 사회적인 측면이 있지만, 울음이 소비되는 방식은 조금 더 개인적이죠. 울음을 불러일으키는 소재도 웃음을 불러일으키는 그것보다는 분명 제한적입니다. 울음은 사적이고 고독합니다. 혼자 웃기 위한 방은 없으나, 홀로 울기 위한 방은 우리 모두 필요하듯이 말입니다.

이 책은 〈철학 개그〉라는 페이스북 페이지에 실었던 글들을 다듬고 다듬어 만들어졌습니다. 철학을 공부하면서 간직하고 생각했던 여러 주제들에 관한 글을 썼어요. 철학과 관련된 재미있는 글을 쓰고 싶다는 생각으로 가볍게 만든 공간인데, 만든 지 한 달도 채 안 되는 짧은 기간 동안 구독자 수가 1만 명에 달할 정도로 많은 분들이 좋아해주셨습니다. 철학이라는 퍽 무거운 이름은 붙었지만, 결코 전문적이거나 '아는 사람만 아는' 글이 아니기 때문이리라 짐작합니다. 여러분이 이 책에서 만나게 될 글들은 실소하고 넘길 가벼운 농담부터 정치 풍자, 또는 일상과 엮은 철학적인 내용을 함축한 다소 긴 글까지 다양합니다.

그런데 철학 '개그'라는 형태로 이름을 붙인 글이라고 해서 이 책을 깔깔대며 웃게 하거나 마음을 따스하게 하는 책이라고 볼 수는 없습니다. 도리어 제가 전하고 싶었던 웃음과 명랑함은 역설적으로 울음과 고독함에 가깝습니다. 물론 이 책을 읽으며 여러분이 눈물 흘리기를 바라는 것은 아닙니다. 이 책에는 가볍게 웃을 수 있는 재미난 글들이 많이 있습니다. 하지만 이 우스운 글들 뒤에는 울음과도 같은 무언가가 있습니다. 이 글을 통해 저는 여러분께 삶과 세계에 대한 색다른 접근을 제안하고 싶습니다. 지금까지 보았던 것과 조금 더 다르게 '나'와 세상을 바라볼 수 있도록 말입니다.

그런데 책을 읽으며 이전까지 느끼지 않았던 알 수 없는 불편함과 답답함을 느끼실지도 모르겠습니다. 그럴 때를 대비해 부탁드리고 싶습니다. 걱정 말고 쭉 읽어주세요. 다른 방식으로 본다는 것은 짜증날 정도로 어색한 것이니까요. 또 한 가지 더 부탁이 있습니다. 그 불편함과 답답함을 결코 방치하지 말아주세요. 도리어 꼭 붙들어주십시오. 그리고 울음을 울 때처럼 사적이고 고독한 시간을 보내면서 무엇이 나를 불편하고 답답하게 만드는지 혼자 생각해주세요. 웃음과 울음 사이를 오가는 그 시간 속에서 고민은 깊어지고 밝아지리라 믿습니다.

그러던 어느 순간, 내가 누구이고 어떤 세상을 사는지 이해가 넓어질 때 웃음도 울음도 아닌 무언가가 얼굴에 내비치게 될지도 모릅니다. '쓴웃음' 말입니다. 지나갔던 일들에 대해 되짚어보다가 새삼스레 무언가를 깨달았을 때 짓는 꼭 그런 쓴웃음. 쓴웃음은 퍽 고독합니다. 고독하다는 점에서 쓴웃음은 웃음보다는 울음에 가까울지도 모르겠습니다. 그런데 공부의 이유는 이런 쓴웃음이 아닐까요. 막연했던 것이 명료해지면서 고개를 살짝 젖힌 채 쓴웃음을 지으려고 말입니다. 이 책을 읽으면서 여러분이 그런 쓴웃음을 지으실 수 있다면 제가 할 수 있는 몫 이상을 했다고 자신합니다.

이 책이 나오기까지 많은 시간이 걸렸습니다. 더 좋은 글을 내고 싶다는 부담에 시달려 작업에 충실하지 못한 제 부족함 때문입니다. 미숙한 저를 북돋우어준 은인들이 없었다면 이 책의 출간은 불가능했을 것입니다. 저를 항상 믿고 힘을 주는 사랑하는 가족들의 응원과 지지가 무엇보다 소중합니다. 제게 둘도 없는 스승이자 친구인 아버지 김기현, 내가 나일 수 있도록 버팀목이 되어주는 어머니 이선숙, 그리고 저보다 더 뛰어난, 일어일문학을 공부하는 제 동생 김서은에게 감사를 전합니다. 철학 공부는 가족의 지지가 없으면 힘듭니다. 요즘 같은 시대에 철학에 몰두할 수 있도록 진심으로 지원하는 가족들에게 감사 인사를 전합니다.

많은 스승님들과 인문학도 친구들에게도 감사드립니다. 대중적인 글쓰기는 전문적인 공부를 전제한다는 것을 이 책을 쓰면서 많이 느꼈습니다. 장벽같이 느껴지는 철학 공부를 마주했을 때 그 막막함을 학문의 즐거움으로 바꾸어주신 스승님들의 가르침과 그 길을 꾸준히 함께 걷는 동료들과의 토론이 없었다면 저는 결코 이 책을 쓸 수 없었습니다. 로고스서원에 오셔서 중학생인 저에게 인문학의 매력을 알려주셨던 강영안 교수님과 김응교 교수님, 논어를 공부하면서 공부에 대한 전혀 새로운 시선을 가르쳐주신 이한우 선생님의 추천사에도 부족한 학생이

고개를 숙입니다. 부족한 글을 눈여겨보아주신 자음과모음 편집부와 출판을 결정해주신 정은영 대표님, 글이 더 살아날 수 있도록 재미있는 그림을 그려주신 길다래 작가님께도 감사 인사를 빼놓을 수 없습니다. 글이 책으로 변하는 과정을 만들어주셔서 고맙습니다.

　가장 깊이 고개를 숙여서 감사드리고 싶은 분은 이 책의 편집을 맡아주신 임채혁 편집자님입니다. 게으르고 부족한 저와 함께 작업하시면서 이루 말할 수 없는 수고를 해주셨습니다. 글은 제가 썼으나 책은 그가 만들었습니다. 훌륭한 편집자를 만나 글이 책이 되어 영광입니다. 부디 임채혁 편집자님에게만은 이 책이 쓰지 않은 웃음으로 남기를 바랍니다. 마지막으로 이 책을 집어 든 당신께 고마움을 전합니다. 제가 팠던 철학을 당신께 팝니다. 사주셔서 고맙습니다. 당신이 이 책을 닫을 때 당신의 입가에 잔잔한 쓴웃음이 남기를 바랍니다.

2017년 12월의 끝에서
김희림 드림

차
례

1부 철학이라 쓰고, 개그로 읽다

2부   일상을 비틀어 철학으로 보다

3부 딱 요만큼만의 철학 읽기

4부 철학은 재미있는 인간 속에서

5부   어쩌면 철학은

철학은 하나의 방법론입니다.
사유하고 반성하는 그 작업을 과학에 적용하면 과학철학을,
정치에 적용하면 정치철학을 낳습니다.
온데간데 다 붙여도 그럴듯한 말이 나오는 이유는
철학이 값싼 소비재여서가 아니라,
철학이 가진 끊임없는 유연성 때문입니다.

1부

철학이라 쓰고,
개그로 읽다

공짜 없는 공자

케이블 채널을 돌리다 보면 왕왕 등장하는 중국 드라마 〈공자〉. 동양권 전체에 막대한 영향력을 끼친 공자는 동양 문화 아래 사는 우리에게 전혀 낯선 인물이 아니죠. 이 드라마에서 공자는 중국다운 호쾌함이 넘치는 춘추전국시대에서 근엄한 정치가이자 학자로 승승장구합니다. 그러나 드라마에서 비추는 모습과 달리 공자는 '흙수저'에 가까웠습니다. 예순의 하급 무사 아버지와 십대의 무속인 어머니가 야합하여 낳은 아들, 공자는 3세에 아버지를, 17세에 어머니를 여의었습니다. 창고지기와 가축 사육 일을 하며 닦은 학문으로 이름을 알렸지만 정치 싸움에서 떠밀려 14년간 취업준비생이었죠.

고국으로 돌아온 공자는 제자를 기릅니다. 적게는 70여 명,

많게는 3천 명으로 추정되는 많은 제자를 길렀어요. 그런데 이 '공자 학교'에서는 육포 한 묶음 들고 오지 않는 사람은 받지 않았대요. 공자가 흙수저 출신이어서 고기에 환장한 걸까요? 아닙니다. 당시 수업료는 주로 먹을 것으로 지불했고, 그게 배움과 스승에 대한 최소한의 예의였죠.

우리는 자본에 의해 헐값이 된 지식과 노동을 누리는 시대를 살고 있습니다. 음악과 만화, 영화와 학문을 공짜로 누릴 수 있죠. 그러나 인류의 스승, 공자는 이를 거부합니다. 예술에 값을 지불함이 예술가와 예술에게 예의이듯, 배움에도 예의가 있다는 것이죠. 공자에게도 공짜는 없었습니다.

#공자 #공짜 #자본 #흙수저 #헐값 #지식 #소비사회

휴먼아재체로 읽는
철학 무용론

정의Justice를 정의Define하기 위한 대장정, 플라톤의 《국가》에서 소크라테스는 플라톤의 형 아데이만토스에게 다분히 공격 섞인 질문을 받습니다. 철학이라는 것이 젊을 때 적당히 해보고 관둘 것인데, 나이가 들어서까지 할 필요가 있느냐고요. 상상하기 쉽게 요즘 아재들이 키보드로 대화할 때 사용할 법한 말로 옮기면 이렇습니다.

"아니.. 그니 까 소크라테스 성님~~,, 철학,,이니~~ 뭐니,, 하는. 것들! 다아~ 젊 을적 에,, 잠시 한번하.. 고 마는 것 아니겠습니까 ~~!! 카아아아악~~ 퉤!! 철학.. 가튼 거 하는,, 놈들 꽤나 이상하다! 이 말씀. 임다 그 쓸모...,, 엄는 걸 외 하는지.. 아님니꽈 소크라테스 성님.. ~ !"

2,500년 전의 이야기라고 하기에는 너무나 익숙한, 인문학을 전공하는 대학생들이 어떠한 인문학 이론보다 자주 듣게 되는 '철학 무용론'입니다. 추석과 설날은 이 '철학 무용론'이 한껏 꽃을 피우는 시즌이죠. 한마디로 말해 '철학은 쓸데없는 것'이라는 철학 무용론을 펼치는 아데이만토스의 주장에 소크라테스는 비유를 들어 이렇게 대답합니다.

　　"동상..., 자고로 바다를.. 항해하 는 배에는!!,, 키잡이가,, 있는 벱이지~ 그란대 이 키잡이가 쌈을 못혀~~ 해서 힘쎈.. 선원들이.. 지가 배를 조종하겄다 고.. 난리여 난리~ !.. 그라문 어떠케 되 냐. 이 말이여! 벨 수 읎이.. 조종도 못허 는... 것들이 키를 잡 잦어~~?? 고로면 당근 배가... 엉망으로 움직,, 이겄지~~ 이런 상 황에 서.. 누가! 문제,, 인겨?? 쌈을 못하는,, 키잡이가 문제여?"

　　아데이만토스는 그렇지 않다고, 주먹다짐에 밀려 키를 못 잡은 키잡이가 아니라 키잡이의 조종 실력을 인정하지 않은 선원들이 잘못한 것이라고 대답합니다. 키를 잡고 바다를 항해하는 일에 선상에서 가장 능숙한 키잡이의 능력을 무시했으니 배가 이상하게 움직이는 것은 당연한 이치입니다. 그러자 소크라테스는 이렇게 이야기합니다.

"맞 어.. 철학이 라는,, 것이~~ 쓰잘 데 없 는,, 것처럼 보이는 이유 능~ 철학하 는넘 들이,, 뷰웅신이어서가 아니구!! 국가를~ 운 영하 는 넘들이!! 철학하는사람들 을 인정 안 혀서 그래~~!! 아픈 사람 은,, 의사를 찾아가 듯,, 나라 를다스리는.. 사람 들 도! 정치를!막하 는게 아니구~ 정.치를연 구허눈 철학 자들의 생가글.. 귀귀울여 들 어.야혀~~? 그라믄 나라가 훨낫지않 것나?"

철학은 반성하고 해명하는 작업입니다. 그 피가 튀는 철저한 사유는 의미 있는 담론을 생산하죠. 철학자들의 고민은 쓸모없 는 것으로 보이기 쉽지만, 그렇지 않습니다. 그 치열한 고민을 받아들여 사회를 개선시키고 발전시킬 책임은 사회 전체의 몫 이기 때문이죠. 철학자에게 배의 키를 빼앗고는 그들에게 오류 의 책임을 덧씌우지 마세요. 철학의 진정한 가치는 철학자들과 철학자가 아닌 사람들의 호흡 속에 성장한답니다.

#플라톤 #소크라테스 #아데이만토스 #휴먼아재체 #철학무용론 #슈퍼그뤠잇

하이데거,
스승의 장례식에서

실존철학과 해석학, 존재론 등 현대 철학의 여러 분야에 영향을 끼친 독일의 철학자 마르틴 하이데거. 그러나 그는 그의 철학만큼이나 나치에 협력한 어두운 오명으로 잘 알려진 철학자입니다. 히틀러 정권에 협조하여 프라이부르크 대학 총장까지 지냈고, 반유대주의적 연설도 했다고 전해지죠. 정말로 하이데거가 나치에 협력했는가에 대해 이런저런 말들이 있었지만, 친동생과 나눈 편지들이 공개되면서 논쟁이 많았던 그의 정치색이 정리되었죠.

그런데 운명의 장난이 참 야속하죠. 하이데거의 스승인 에드문트 후설은 히틀러 정권의 최대 피해자인 유대인이었습니다. 후설은 유대인이라는 이유로 나치 정권의 희생양이 되어 초라

한 말년을 보냈죠. 애증도 이런 애증이 없는 스승과 제자의 거리는 멀어질 수밖에 없었습니다. 급기야 하이데거는 후설의 장례식에도 모습을 드러내지 않죠. 많은 사람들이 이를 두고 지탄하자 하이데거는 몸이 안 좋았다는, 안 하느니만 못한 핑계만 둘러댈 뿐이었습니다.

후설은 본인이 가르쳤던 것과는 그 내용이 사뭇 다른 하이데거의 대표작 《존재와 시간》을 읽고 꽤 실망했다고 해요. 그러나 제자가 부정한 권력에 들붙어 스승을 부정하는 것에 비할까요. 초인적 깊이의 사유를 보여주는 철학자들도 우리와 똑같이 관계에 허덕이고 권력에 흔들리는 평범한 인간이었나 봅니다. 후설의 마음이 얼마나 아팠을까요. 존경하는 스승의 장례식에 가지 못한 하이데거도 마음이 편하지만은 않았겠죠?

#하이데거 #나치 #홀로코스트 #후설 #평범한인간 #신념

무민이 보내는 편지

안녕하세요! 저는 무민이에요. 본명은 무민트롤이라고 해요. 대부분 저를 알고 계시죠? 요즘은 한국에서도 어디를 가나 제가 그려진 상품들을 살 수 있으니까 말이에요. 그런데 놀라운 사실을 하나 알려드릴까요? 저는 원래 독일의 철학자 임마누엘 칸트랍니다.

놀라셨나요? 저를 그린 핀란드의 작가 토베 얀손이 형제들과 칸트에 대해 논쟁을 벌인 적이 있었대요. 논쟁이 잘 안 풀렸는지, 기분이 상한 얀손은 화장실 벽에 북유럽의 도깨비인 트롤과 닮은 칸트를 그렸어요. 그게 바로 저의 첫 모습이랍니다. 다들 귀여운 하마라고 오해하지만, 저는 원래 무섭게 생긴 도깨비인 동시에 철학자예요.

제가 등장하는 첫 작품은 1945년에 탄생했어요. 세계대전의 그늘 속에서, 얀손은 저를 통해 부조리로 가득한 어두운 현실을 드러내고 싶었대요. 당시 핀란드에서 불법이었던 동성애도 투영하여 인권과 자유를 갈망하는 비판적인 메시지를 담는 것도 잊지 않았고요. 귀여운 하마의 모습을 한 제 안에는 인간과 사회에 대한 해학과 풍자가 녹아 있답니다.

저는 그저 파스텔 톤의 하마가 아니에요. 제 고향 무민 골짜기의 별이 빛나는 밤하늘과, 제 마음속에 빛나는 비판적인 메시지의 아름다움을 누리는 사색가랍니다. 많은 분들이 저를 좋아해주셔서 정말 좋아요. 제 아기자기한 모습만큼 그 안에 담겼던 철학자의 이름과 제가 온몸으로 전하던 메시지도 꼭 기억해주세요!

#무민 #칸트 #토베얀손 #하마 #사색가 #밤하늘의별

노자가 치는 베이스 기타

두 달 동안 베이스 기타를 레슨 받은 적이 있습니다. 악기 다루는 것을 좋아하여 독학으로 2년간 연습했었습니다. 하지만 제대로 배우는 것은 전혀 다른 일이었죠. 매주 한 곡을 떼기도 어려웠습니다. 특히 음이 들어가야 할 때와 빠져야 할 때를 정확히 맞추기가 어려웠죠. 버벅거리는 저에게 선생님은 이렇게 말씀하셨습니다. "쉼표도 연주하는 거야."

노자는 밥 먹듯이 전쟁이 일어났던 춘추전국시대의 사람입니다. 당대의 지식인들은 각각의 방법으로 이 혼돈의 시기를 극복하는 방법을 연구했고, 자신을 등용할 주군들을 찾아다녔죠. 그런데 노자는 달랐습니다. 정치로 세상을 바꿀 수 없다고 생각한 그는 정치판에 전혀 등장하지 않았죠.

노자는 '비움虛'에 대해 많이 이야기했습니다. 물론 그가 말하는 비움이 아무 일도 하지 않으며 게으르게 사는 것은 아닙니다. 내 욕심과 의지, 편견이 세상을 오해하게 만드니 우리는 이를 차분히 비워내야 한다는 말이죠. 그릇의 비어 있음이 그릇의 쓰임을, 방의 비어 있음이 방의 쓰임을 참되게 하듯 말입니다.

어쩌면 분명한 생각을 갖고 역동적으로 사는 것보다 비우며 사는 것이 더 어려울지도 몰라요. 베이스 기타를 연주할 때 음을 채우고 싶은 마음을 참고 '쉼표를 연주하는 것'이 더 어렵듯 말입니다. 절제하며 자연의 순리대로, 비움의 '도道'를 따라 산다는 것이 도대체 어떤 것일까요? 노자가 베이스 기타를 연주했다면 어땠을까, 문득 궁금해집니다.

#노자 #베이스기타 #나는뮤지션 #비우는삶 #국가 #주체

푸코가 만난 산타 할아버지

예수가 십자가에서 쏟았던 물과 피처럼 희고 붉은 장식들로 점철된 축제, 크리스마스에는 모두들 설레는 마음으로 떠들썩합니다. 크리스마스를 해석하는 방법은 많지만, 한 해를 마무리한다는 점에서는 모두에게 의미 있으니까요. 조금만 더 어렸어도 산타 할아버지에게 선물 받는 날로 모두가 설렜던 날인데 말입니다. 다들 산타 할아버지로부터 선물은 받으셨나요? 못 받으셨다고요? 굴뚝과 난로가 있을 정도로 형편이 넉넉하지 않은 죄 때문일 수도 있고, 한 해 동안 너무 많은 울음을 터뜨린 잘못 때문일지도 모르겠네요. 항상 모든 것을 지켜보는 산타 할아버지는 누가 착한 아이인지, 나쁜 아이인지 알고 있으니까요.

우리는 모든 것이 감시당하는 세상에 살고 있습니다. CCTV와 몰래카메라는 피할 수 있는 영역이 아니죠. 일거수일투족은 어떻게 기록되고 촬영되는지, 현실이 된 가상 세계를 어떤 모습으로 떠돌고 있는지 우리는 알 수 없습니다. 이런 감시가 언제부터 시작되었는지 알기 위해서는 서양의 중세를 눈여겨보아야 합니다. 중세의 죄인은 모두가 지켜보는 광장에서 두들겨 맞는 신체형을 받았습니다. 그런데 이러한 처벌은 문제가 있었습니다. '우는 아이'가 있었던 것이죠. 억울한 이가 처벌 도중에 울부짖을 수 있었고, 이를 지켜보는 이들이 '선동 당해서' 반역을 일으킬 수도 있었으니까요.

처벌의 주체인 국가는 다른 방법을 고안했습니다. 바로 감옥입니다. 신체를 단순하게 괴롭히는 방법을 넘어서 정신이 머무는 몸을 지속적으로 구속하는 감옥살이. 문제아의 정신을 개조하여 그를 국가에 순종하는 '착한 아이'로 부활시키는 것이 감옥이 존재하는 이유입니다. 자로 잰 듯 정확하게 감시하고 처벌하는 제도와 시설을 위해 국가는 법학과 심리학, 광학과 건축학을 발달'시켰'습니다. 그렇게 국가는 누가 착한 아이인지 나쁜 아이인지 단번에 알 수 있는, 그러나 겉으로 보면 끝없이 베풀어주는 인자한 산타 할아버지가 된 것입니다.

권력은 꼭 보이는 것이 아닙니다. 일상 곳곳에서 권력들 간의 갈등과 대립을 마주하지만 갈등 배후의 권력을 직시하기는 참 어렵습니다. 분명히 있다고는 하지만 볼 수는 없는 산타 할아버지처럼, 보이지 않는 권력의 구체성과 거대함을 동시에 논하는 것이 프랑스의 철학자이자 구조주의의 대표적인 사상가인 미셸 푸코가 《감시와 처벌》에서 말하고자 하는 골자입니다. 감시와 처벌의 주체로서의 국가는 산타 할아버지와 참 닮지 않았나요? 가장 낮은 단계의 권력을 갖는 아이들의 유일한 저항인 울 권리를, 산타 할아버지는 선물을 담보로 빼앗으니까요. 우는 아이는 나쁜 아이라는 그 잔혹한 공식. 잠들지 않으면 만날 수 없는, 그러나 우리를 늘 감시하고 있는 산타 할아버지의 혜안 덕에 우리는 울 수 없습니다.

하지만 기억해야 합니다. 운다는 것은, 권력의 부당한 대우를 거부하는 것임을. 슬피 우는 자들의 이웃이 되어야 한다는 것을. 우는 아이가, 꼭 나쁜 아이는 아니라는 것을. 우는 아이를 다그치기 전에 울고 있는 이유를 가만히 들을 필요가 있다는 것을. 나쁜 아이가 없는 곳이 아니라, 우는 아이가 없는 곳이 아름다운 곳임을. 그러니 산타 할아버지, 다음 크리스마스에는 꼭 나쁜 아이들에게도 선물을 주세요. 바다와 항구에서, 광장과 법원에서, 잔혹한 기억 안에서, 일본 대사관 앞에서 피눈물을 흘리고 있는 나쁜 아이들에게도, 꼭 선물을 주세요. 가장 낮은 자리에 있다는 죄로 울고 또 울어야 하는 나쁜 아이들에게도, 꼭 선물을 주세요.

#푸코 #산타 #감시와처벌 #국가 #주체 #선물주세요 #운다는것

4월은 여전히 잔인한 달

그 이름도 잔인한 세계대전이 지나고 세상을 지배한 것은 전쟁의 상처가 남긴 공허함이었습니다. 분홍빛 미래를 약속했던 첨단 과학이 떨어뜨린 폭탄의 잿더미 속에서 씨앗을 틔워내야 한다는 부담감 앞에 사람들은 그저 막막해했습니다. 그래서 시인 T. S. 엘리엇은 읊었어요. "4월은 가장 잔인한 달April is the cruelest month"이라고요. 겨울의 황폐함과 봄의 나른함에 매몰되고 싶지만 어떻게든 싹을 틔워야 하는 공허한 재생이 가득한 4월을, 전쟁의 잔혹함과 허탈함을 억지로 견디며 사회를 재건해야 하는 20세기의 유럽에 빗댄 것이죠.

되돌릴 수 없으나 반드시 그 잔상을 떠올리며 상처를 치유해야 하는 고통을, 차갑게 얼어붙은 땅을 녹이며 일어서는 4월의

새싹의 고통으로 치환하여 읽어낸 T. S. 엘리엇. 그가 시를 통해 외치는 소리 없는 아우성은 지금 한국 땅에서도 고스란히 유효합니다. 그런 끔찍한 일이 버젓이 벌어졌다는 것을 외면하고 싶지만, 가만히 있고 싶지만, 이제는 그만 잊어버리고 싶지만 그럴 수 없는 세월호 참사가 일어났던 4월이기에 그렇습니다. 적당히 까먹고 지나가고 싶지만 끊임없이 상기해야 하는 304명의 생명이 담긴 4월. 4월은 여전히 가장 잔인한 달입니다.

역사는 망각과의 투쟁입니다. '무엇을 기억하는가?'가 아니라 '무엇을 망각하는가?'가 역사를 꾸려나갑니다. 세상만사 셀 수 없이 많은 사건들 속에서 잊어도 괜찮은 사건과, 잊지 말고 반드시 후대에 남겨야 하는 사건들을 솎아내는 투쟁 속에서 역사는 기록되어갑니다. 무엇을 기록할 것인지에 대한 살벌한 정치적 암투를 거쳐 역사는 기록되는 것입니다. 글쓰기 강사들이 종종 '적자생존'을 두고 '적는 자가 살아남는다'라고 농담을 섞어 말하곤 합니다만, 역사의 전개 과정에서는 '적은 자가 (혹은 적은 자의 기억만이) 살아남았다'라고 해도 과언이 아니겠죠.

시간이 흐르고 흘러 세월호 참사는 어느 정치인의 말처럼 평범한 교통사고로, 어느 논객의 글처럼 일당 6만원을 받고 슬퍼하는 이들만 가득했던, 그런 '잊어도 괜찮은 사건'으로 잊혀져

갈까요? 그렇게 우리 사회는 이웃의 허망한 죽음을 '시체장사'라고 일축했던 어느 단체 대표의 그 치가 떨리는 말이 용납되는 곳으로 변해갈까요? 우리는 무엇을 잊고, 무엇을 기억하고 있나요. 우리가 지금 이 순간을 기억하는 방식은 우리가 역사를 기록하는 방식입니다. 304명의 불합리한 죽음을 대하는 우리의 태도가 사회를 만들어가고 있는 것입니다.

비극적이게도, 참사 이후에 있었던 수많은 역겨운 발언과 행태가 우리의 현주소입니다. 그리고 그 비극을 똑똑히 목도하고 그 죽음의 무게를 단단히 지고 감추어진 비밀을 풀며 그치지 못한 울음을 우는 것이 우리의 몫입니다. 그래서 4월은 여전히 잔인한 달입니다. 세월호를 둘러싼 겹겹이 쌓인 비밀들은 여전히 미궁 속에 빠져 있고, 우리는 그 엄정한 비밀에 도전할 무거운 책임을 지고 있습니다. 꽁꽁 언 땅을 뚫고 나오는 4월의 들풀처럼 말입니다. 당신은 무엇을 기억하고, 무엇을 망각하고 있나요. 당신의 기억과 망각이 당신이 살아갈 세상을 만듭니다. 우리, 세월이 지나도 그 세월만큼은 잊지 말아요.

#세월호 #잊지말아요 #기억 #망각 #역사 #투쟁 #아픔 #TS엘리엇

〈간장 두 종지〉와 해체주의

겨울비가 내리던 2015년 11월의 마지막 주말을 뜨겁게 달군 화제의 칼럼 〈간장 두 종지〉. 중국집에서 간장을 못 받아 환청이 들리고 눈앞에 아우슈비츠가 그려지는 신비적 체험을 담은 이 짧은 판타지 소설은 순식간에 전국의 문학도들을 사로잡았죠. 종북좌파들은 이 칼럼을 '질 낮은 꼰대질'이라 비하했지만, 모르는 소리입니다. 민족정론지 《조선일보》에서 그런 글을 낼 리가 없죠. 예사롭게 보아서는 알 수 없는 이 글의 매력을 살펴보도록 하죠.

철학은 전통적으로 '이성'을 중요하게 여겼습니다. 규칙과 질서, 보편을 강조하며 이성에 대한 사유를 철저히 했죠. 반면에 감성과 개별은 배제되었습니다. 20세기를 지나면서야 비로소 이성만으로는 무언가 부족하다는 것을 깨달으며 감성과 개별의 가치를 본격적으로 논하기 시작했습니다. 그 시기에 등장한 이론이 기존에 세상을 지배했던 이성 중심을 해체하자는 '해체주의'입니다. 해체주의는 어떻게 탄생하게 된 것일까요?

이성을 필요로 하는 과학 중에서도 최첨단 과학, 무기 과학과 군사학의 발전이 시대의 풍운아들과 교배해 낳은 인류의 비극, 세계대전이 끝나며 사람들은 여실히 느꼈습니다. 냉철한 이성이 인간을 배반할 수 있다는 것을 말입니다. 감성을 배제한 이성이, 비주류를 외면한 주류가, 개별을 짓밟는 전체가 얼마나 잔혹할 수 있는지 깨달은 것입니다. 감성과 비주류, 개별을 눈여겨보며 기존의 이성 중심적인 가치관을 해체하는 해체주의는 그렇게 탄생했습니다.

이러한 맥락에서 칼럼 〈간장 두 종지〉는 대단히 뛰어난 해체주의 문학입니다. 주인장이 간장 종지를 빼먹고 주지 않으면 보통은 이성적으로 부탁을 하지만 글쓴이는 간장 종지를 받지 못한 구조적인 폭력과 불합리에 분노하는 '감성'을 여과 없이 표현했고, 우리 사회의 주류 계급인 요식업계 자영업자가 한낱 초거대 언론의 문화부 부장인 본인을 차별한다는 이야기를 풀며 '비주류'에 주목했고, 간장은 여럿이 한 종지를 나누어 먹는 것이 보통이지만 모든 사람이 간장 종지를 하나씩 차지해야 한다며 '개별'에 집중합니다. 한 줄 한 줄이 예사롭지 않습니다.

해체주의 문학의 교과서와 같은 칼럼, 〈간장 두 종지〉. 감성과 비주류, 개별에 집중하며 그동안 세상을 지배했던 이성 중심의 세상에 도전장을 내밉니다. 보통 사람이라면 대수롭지 않게 지나갈 간장을 소재로 전통적인 가치관을 뒤집으려는 이 매서운 시도. 이 짧은 칼럼이 촉촉이 내리는 겨울비처럼 철학의 역사에 스며드리라 믿어 의심치 않습니다. '박근혜 대통령 노벨평화상 추진운동본부'에는 미안하지만, 아쉽게도 노벨문학상 수상자가 먼저 나올 것 같습니다. 〈간장 두 종지〉가 노벨문학상을 타면 이 글을 읽으신 모든 분께 탕수육을 대접하도록 하겠습니다. 아, 물론 간장은 두 종지만 놓고요.

#간장두종지 #해체주의 #이성 #감성 #비주류 #개별 #탕수육

윌리엄 제임스와 환각제

시나 그림, 악기 연주나 작곡의 대가들을 보면, 간혹 술이나 마약에 진탕 취해서 그 기운을 빌려 작품을 완성할 때도 있죠. 그렇게 탄생한 작품은 야성미 넘치는 대작이 되어 역사에 길이 남기도 합니다. 그런데 철학자도 가끔 마약을 한다는 걸 아세요? 냉철하게 생각만 할 것 같은 철학자가 마약이라니, 조금 놀라셨는지도 모르겠습니다. 프랑스의 철학자 장 폴 사르트르도 '상상력'을 위한 실험을 위해 환각제를 맞고 게와 낙지가 온몸을 휘감는 경험을 했다죠. 6개월 동안 우울증에 시달렸고 평생 갑각류를 두려워했다는군요.

'의식의 흐름'이라는 말을 처음 사용한, 근대 심리학의 창시자 윌리엄 제임스도 환각적인 실험을 하기로 했답니다. 미국 최초로 실험적 심리학 연구소를 세운 사람답게 제임스는 용기를 내어 이산화질소를 한껏 들이마셨죠. 환각 상태의 제임스는 '만물이 궁극적으로 하나'라는 놀라운 깨달음을 얻었습니다. 그런데 이럴 수가! 약 기운이 사라지자 깨달음이 무엇이었는지 기억이 제대로 나지 않는 것이 아니겠습니까? 고민 끝에 제임스는 환각 상태에서의 깨달음을 기록하기 위해 손에 펜을 묶고 다시 이산화질소를 들이마셨습니다.

이번에도 역시 대단한 깨달음이 샘솟았고, 제임스는 손에 묶은 펜으로 가까스로 깨달음을 기록했습니다. 몇 시간이 지나 정신이 들고 두근거리는 마음으로 종이를 보니 이렇게 적혀 있었습니다. "석유! XX, 석유라고! 모든 게 다 석유 냄새야!" 제임스는 허탈했습니다. 깨달음이라는 것이 고작 이거였다니. 그런데 마냥 허탈함만 맛보지는 않았습니다. 제임스는 놀라운 철학적 사유를 하기 시작했습니다. '이산화질소를 마셨을 때 깨달은 것이 실제로 허탈한 것이었는가? 아니면 이산화질소를 마시지 않으면 그 깨달음이 탁월한 것임을 이해할 수 없는가?'

고대 중국의 철학자 장자도 비슷한 일을 겪었습니다. 스스로가 나비가 되었던 꿈에서 깨어나 고민한 것이죠. 장자가 '나비가 된 꿈'을 꾼 것일까, 나비가 '장자가 된 꿈'을 꾸고 있는 것일까? 호접지몽胡蝶之夢이라 불리는 유명한 이야기입니다. 생각해 보면, 우리도 가끔 그런 생각을 할 때가 있습니다. 평범한 일상 속에서 문득 이게 다 꿈이 아닐까, 하는 서늘한 망상이 찾아들 때 말입니다. 살아가면서 그렇게 많은 확신을 갖고 사는 우리이지만, 이 모든 것이 다 현실이 아닌 꿈이 아닐까라는 고민에는 속수무책으로 침묵할 수밖에 없죠.

혹시 아세요? 여러분이 연구실에서 펜을 손에 묶고 이산화질소를 마신 상태인지. 혹시 모르잖아요? 여러분이 느티나무 아래에서 단꿈을 꾸는 나비 한 마리인지. 그리하여 철석같이 믿고 있는 '진리'들이 환각에서, 꿈에서 깨면 한낱 나부랭이들로 느껴질지도요. 어쩌면 오늘 붙들고 놓지 못했던 진리가 내일 휴지 조각으로 변하는 시대를 살아가는 우리네 삶이 다 그런지도 모르겠습니다. 언젠가 환각으로부터 깨어 있는 그대로 무언가를 볼 수 있는 날이 올까요? 그날이 온다면 우리는 지금 꿈을 꾸고 있는 것이 아니라고 확신할 수 있을까요?

#제임스 #환각 #장자 #나비 #호접지몽 #진리

하버마스와 쓸데없는 소리

말을 할 때 가장 중요한 것이 목소리와 발음이지만, 가장 중요하지 않은 것도 목소리와 발음입니다. 합리적 의사소통을 연구한 독일의 철학자 위르겐 하버마스는 윗입술이 날 때부터 갈라져 있던 장애우입니다. 그의 말을 알아듣기는 쉽지 않지만, 그가 그의 철학대로 보여주는 소통의 자세는 여느 화려한 언변가보다 빛나죠.

하버마스가 1996년에 한국을 찾았을 때 있었던 일입니다. 하버마스의 강연이 끝나자 질문이 쏟아졌습니다. 진행자가 중요한 질문만 추리겠다고 하자 하버마스가 말했습니다. "모든 질문에는 저마다의 가치가 있습니다." 결국 그는 모든 질문에, 이해가 되지 않으면 도리어 질문하면서 답했습니다.

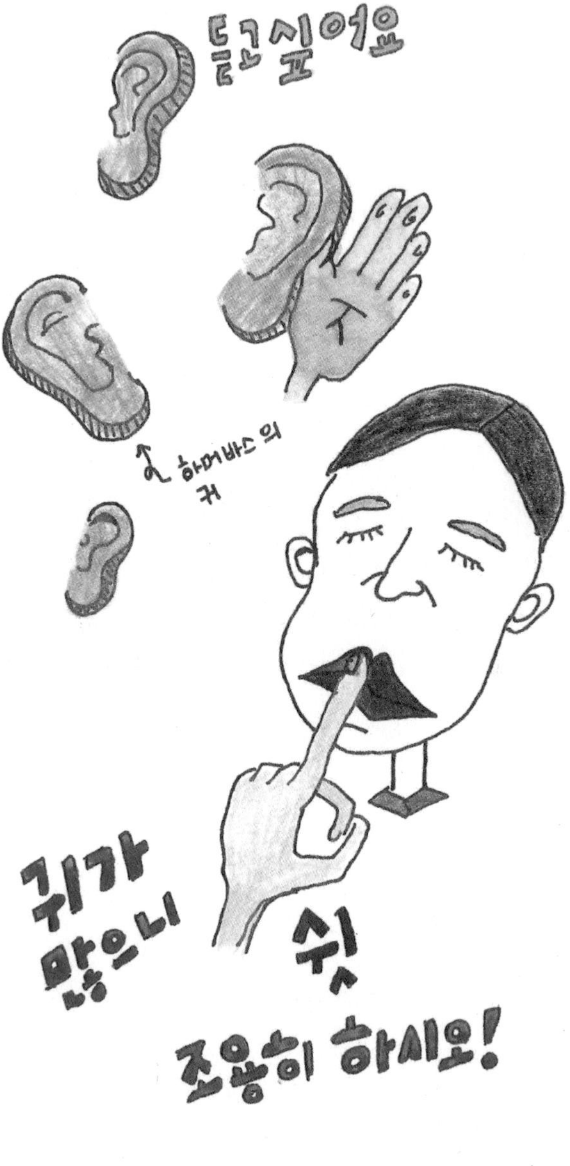

듣고싶어요
하머바스 의
귀
귀가 많으니
쉿
조용히 하시오!

우리는 질문하는 법을 잊었습니다. 아니, 사실 배운 적이 없죠. 학교에서 가장 많이 듣던 말은 "너의 생각을 말해봐"가 아닌 "조용히 해"였고, 질문에 묵살로 답하는 어른들은 "뭐 그런 쓸데없는 질문을 하고 앉아 있어?"라고 말했습니다. 우리는 항상 강요된 침묵을 배워야 했고, 침묵을 견디는 것에 적응했죠.

담론의 장을 펼치고 싶었던 하버마스. 1929년생인 그는 오늘도 늙은 몸을 끌며 누군가의 삶이 서린 질문에 귀를 기울이고 있을까요. 기자회견장에서도 준비된 질문들로 연극을 올리는, 20년간 변하지 않은 한국을 보며 하버마스는 다시 말하고 싶을지도요. 모든 질문에는 저마다의 가치가 있습니다, 쓸데없는 소리는 없다, 라고 말입니다.

#하버마스 #질문 #가치 #소통 #우리는질문하는법을 #잊었는지도모릅니다

가다머와 해석의 순환

내가 누구인가에 대한 고민은 대개 인생 최대의 과제입니다. 자기 해석이라는 과제는 쉽게 끝낼 수가 없죠. 나를 해석한 만큼 나는 바뀌었으니 해석할 대상이 새로 생긴 셈이기 때문입니다. 마주 보고 있는 거울들처럼 끊임없이 새로운 해석의 대상이 탄생합니다. '관찰하는 나'와 '관찰당하는 나'가 혼재하죠. 주체와 객체는 수건돌리기라도 하듯 끊임없이 자리를 바꿉니다. 이 무한한 해석의 순환의 마침표는 언제 찍히는 것일까요?

독일의 철학자 한스 게오르크 가다머는 그 마침표는 영원히 찍히지 않는다고 말합니다. 가다머에 따르면, 앞의 문장에 마침표는 없되 오직 쉼표만이 그 역할을 대행합니다. 나에 대한 새로운 이해를 더하여 풍성한 지평의 융합을 얻을 뿐이죠. 확고

한 자아 개념을 전제로 나를 이해하는 철학의 전통을 뒤집은 가다머. 그는 인문학에는 자연과학이 사용하는 방법들로 표현할 수 없는 감각, 취미, 판단 등이 있다고 강조했고, 이러한 요소들은 해석의 순환을 통해 알아갈 수 있다고 했습니다.

그러니 우리, 스스로를 너무 딱딱하게 정의하지만은 말아요. 다양한 관계에 비추어 스스로를 관찰하고 스스로에게 관찰당하는 해석의 순환의 태도 역시 자기 이해를 풍부하게 도와줄 테니 말입니다. 세상은 끊임없이 자기소개서를 요구하면서 우리 스스로에 대한 분명한 정보를 요구하지만, 우리 현혹되지 말아요. 우리 자신은 끊임없는 해석의 대상이고 그 해석의 한계는 없으니까요. 변함없이 변해가는 당신의 모습은 그 자체로 의미가 충분하답니다.

#가다머 #해석의순환 #나는누구 #마침표 #앎의한계

늦게 와서 정말 죄송합니다, 디오니소스 스님

25세에 교수직을 맡았던 천재, 그러나 정신 질환으로 불운한 말년을 맞았던 독일의 철학자 프리드리히 빌헬름 니체는 첫 저서 《비극의 탄생》에서 고대 그리스의 비극이 '아폴론적인 요소'와 '디오니소스적인 요소'를 갖고 있었다고 말합니다. 고대 그리스의 비극에서는 이성, 창작, 경계를 상징하는 '아폴론적인 것'과 감성, 파괴, 붕괴를 의미하는 '디오니소스적인 것'이라는 두 가지 예술 충동이 절묘한 조화를 이루고 있다는 것이죠. 이 둘은 기본적으로 한 짝이었습니다.

그러나 플라톤의 철학이 등장하면서 상황은 뒤집어졌습니다. 플라톤은 아폴론적인 것, 다시 말해 합리적이고 이성적인 것을 우선으로 두고 디오니소스적인 것, 즉 직관적이고 혼란스

러우며 불규칙하기도 한 것을 배제한 것입니다. 이러한 플라톤의 사상은 서양의 역사를 아폴론적인 것으로 가득 채웠습니다. 프랑스의 철학자 르네 데카르트의 유명한 말, "나는 생각한다, 고로 존재한다"라는 말처럼 이성은 존재의 근거까지 되었습니다. 이성을 모든 원리의 기초로 설정하고 논리에 따라 그 원리에 속하지 않는 것은 아무도 눈여겨보지 않았죠.

그리스 비극의 디오니소스적인 면을 제거한 플라톤 철학은 시간이 지나 과학의 눈부신 발전을 낳습니다. 이성에 준거한 합리적인 계산으로 도출한 결과를 차곡차곡 쌓아 올리며 과학은 무한한 진보를 보여주었고, 사람들은 과학을 통한 인류의 구원을 꿈꾸었습니다. 그러나 과학은 사람들의 기대를 간단히 배반합니다. 과학의 성장이 손가락 하나 까딱하면 수십만 명을 학살할 수 있는 무서운 세상을 낳은 것이죠. 이성이 어째서 이처럼 비이성적인 세계를 만든 것일까요?

많은 사상가들은 이성에 대해 무한한 신뢰를 한 플라톤에게 그 책임을 돌렸습니다. 이성이 기초를 설정하고, 그 기초에 맞지 않는 것은 열등한 것이 되었다는 것이죠. 남성·비장애우·이성애자가 기초일 때 여성·장애우·성소수자는 하등하고 불완전한 존재가 되어버리듯이 말입니다. 이성을 강조하고 감

성을 밀어내던 유구한 전통은 이성적 기준과 과학적 사고에 맞지 않는 수많은 사람들을 학살하면서 진보했던 것입니다. 어쩌면 우리가 지금 살고 있는 시대는, 아폴론적인 것 이상으로 디오니소스적인 것이 필요한 시대가 아닐까요.

우리는 2천 년이 넘는 긴 시간 동안 역사의 뒤안길로 밀려난 디오니소스를 다시 찾아가야 할지도 모릅니다. 그가 상징한 본능과 직관과 해체의 기쁨을 너무 오래 까먹었다고 사과하면서요. 2천 년, 참 많이도 늦었네요. 늦게 와서 정말 죄송합니다, 디오니소스님. 우리의 사과를 들은 포도주의 신, 디오니소스는 거나하게 취한 채 우리에게 2천 년 동안 판판이 깨져버린 흥에 대한 책임을 묻겠죠. 이성이라는 기초를 지나치게 신뢰한 나머지 이성의 영역에 속하지 않는 '흥'과 같은 것들까지 이성으로 해석하려 했던 그 그릇된 시도들에 대한 책임을 말입니다. 깨져버린 흥을 추억하며, 디오니소스의 부활을 기대하며 축배를 듭니다.

#니체 #아폴론 #디오니소스 #흥부자 #비극의탄생 #지식대방출

야구공과 흙수저가
만났을 때

가을야구 시즌이 되면 다들 야구 이야기로 하도 떠들썩해서 야구를 모르는 저도 어느 팀이 이기고 졌는지를 훤히 꿸 수 있을 정도입니다. 식당에 가도 텔레비전에서 야구 중계만 나오더라고요. 야구에 관심이 많지 않은 저는 가끔 경기를 보면서도 딴생각만 하곤 합니다. 얼마 전에는 순댓국집에서 야구 중계를 보았는데, 제 눈에는 요상하게도 야구공만 밟혔습니다.

야구공은 참 불행한 삶을 사는 것 같습니다. 날 때부터 숨도 못 쉬게 꽉 잡혀 무서운 속도로 던져지고 묵직한 방망이로 호되게 두들겨 맞기를 평생 반복하니 말입니다. 주체적으로 움직일 수는 전혀 없고 누군가 던지고 때려주어야 하는 슬픈 운명. 모난 돌이 정 맞는다더니, 모난 곳 하나 없이 둥글둥글한 야구공은 매일같이 방망이로 얻어맞네요.

아, 그런데 인간의 삶도 꼭 그렇지 않나요? 우리에게 우리가
선택할 수 있는 것이 얼마나 있을까요. 우리 삶은 그 시작부터
우리가 선택한 것이 아닙니다. 헬조선에서 흙수저로 태어나고
싶었던 사람이 어디 있겠습니까. 어떤 나라에는 '부모를 선택하
는 것도 능력'이라는 자조적이기 짝이 없는 속담도 있더군요.
출생만으로 많은 것이 결정되는 우리네 억울한 인생(ㅠ_ㅠ).

사르트르는 인간을 '던짐을 당함'이라는 뜻의 피투被投와 '스
스로를 던짐'이라는 기투企投의 존재로 보았습니다. 선택할 수

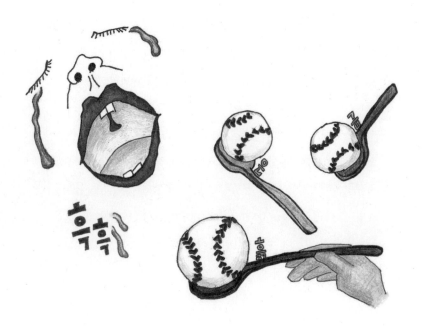

있는 것 하나 없이 가혹한 운명으로 세상에 내던져졌지만, 주어진 삶의 의미를 탐구하여 그 의미에 스스로를 던지는 존재가 인간이랍니다. 그래서 인생은 B(irth)와 D(eath) 사이의 C(hoice)라고 했죠.

세계대전 후 절망이 유럽을 움켜쥔 것을 보았던 사르트르. 잔혹한 전쟁을 겪고 많은 사람들이 삶의 의미를 잃었던, 전쟁의 정신적 후유증을 앓았던 시기에 살았던 철학자는 주어진 것 하나 없는 곳에서도 운명을 개척하는 인간을 힘껏 외쳤습니다. 이렇게 인간의 삶을 구체적인 현실에서 시작하여 의미를 탐구하는 사상을 '실존주의'라고 합니다.

가을 야구가 끝나면, 한껏 영글었던 가을도 시나브로 저물어가겠죠. 대학 수능과 입사 면접과 연말정산의 계절이 들이닥칠 거예요. 설레는 만큼 두려운 마음으로 달력을 바꿀 준비를 해야 하는 지금, 한 해 동안 무자비하게 내던져지느라 고생하셨습니다. 그렇지만 우리, 힘냅시다. 던져진 삶을 던져야 하잖아요. 가을바람이 붑니다. 살아야겠습니다.

#야구공 #실존주의 #사르트르 #웃픈현실 #개고생 #아프면청춘이냐

그대여,
취업률을 바꾸어주세요

옛날 철학자들은 추방, 혁명, 사형 등이 가장 무서운 재앙이었으나, 현대의 철학자들은 인문사회과학 고전들을 닥치는 대로 읽음으로써 고학력 백수가 되는 무서운 결과를 초래하게 됩니다.

우수한 순수 학문인 인문학을 바르게 선택하고 활용하여 맑고 고운 심성을 가꾸도록 우리 모두가 바른 길잡이가 되어야겠습니다.

한 명의 철학자, 취업률을 바꾸어놓을 수도 있습니다.

#철학자 #취업률 #고학력백수 #남일이아냐

철학과 학과장님에게
필요한 지혜는?

철학과 교수님들의 회의장에 천사가 나타나 철학과 학과장님에게 말했습니다. "연구하느라 애 많이 쓰셨어요. 하늘나라에서 당신의 공로를 인정하여 다음 세 가지 중 하나를 선물로 드리기로 결정했습니다. 돈, 명예, 지혜 중 어느 것을 드릴까요?"

학과장님은 망설임 없이 대답했습니다. "지혜를 원합니다." 천사는 "알겠습니다"라고 답하고 사라졌습니다. 사람들이 학과장님을 뚫어져라 보는 가운데, 한 교수님이 말을 꺼냈습니다. "학과장님! 무슨 말 좀 해보세요!" 그러자 학과장님은 말했습니다.

"돈을 고를걸."

#돈 #명예 #지혜

현대 문학

문학은 세상을 해석하는 가장 세상적인, 그리고 가장 세상적이지 않은 틀입니다. 그래서 문학을 보면 세상을 알 수 있죠. 빛나게 발전하는 첨단 과학기술의 그림자를 먹고 자란 현대 문학에 비치는 우리의 모습을 읽기를 권합니다. 그 행간에 서린 침묵의 아우성 속에 내가, 이웃이, 세상이 담겨 있거든요.

#Hyundai #문학 #텍스트를읽자

우파니샤드와 좌파니샤드

힌두교 이론과 사상의 토대가 되는 문헌 중 하나인《우파니샤드》는 현재 수백 편이 구전으로 전해져왔습니다. '가까이'를 뜻하는 우파upa-, '적당한 장소에서' 또는 '아래에서'를 뜻하는 니ni-, '앉다'를 뜻하는 샤드ṣad에서 유래했어요. 말 그대로 '가까이에 앉는다' '가르침을 받기 위해 스승의 가까이에 앉음'을 의미하죠.

그런데 전설에 따르면,《우파니샤드》전에《좌파니샤드》가 있었답니다. 한 독재자가 경전 국정화를 하기 전까지죠. 그는 경전에 아버지가 나쁘게 그려진 것이 불쾌하여 '지나치게 좌편향적'이라는 이유로《좌파니샤드》를 폐기했습니다. 그리고 오직《우파니샤드》만 전할 수 있도록 했다는군요. 믿거나 말거나

예요. 이 전설을 함부로 알리면 산에 끌려가 코로 설렁탕을 먹는다니, 사실인지는 아무도 모릅니다.

#우파니샤드 #좌파니샤드 #사실확인요망

기다리는 동안
기다리지 않는다는 것

물건의 값에 반품 부담 비용이 포함되듯, 만남의 값에는 '기다림 부담 비용'이 포함됩니다. 10분 정도 늦는 것은 사회적 미덕(?)인 대한민국에서 바쁜 상대방을 위해 기다리는 시간은 만남을 구입하기 위한 필수적인 조건이죠. 그러나 반품이 잦을수록 반품 부담 비용 때문에 물건의 값이 오르듯, 그런 기다림 부담 비용 때문에 우리는 사람들과의 만남을 더욱 아끼고 부담스러워하는지도 모르겠습니다.

그런데 이 기다림은 쾌락과 고통이 절묘하게 중첩된 것입니다. 사랑하는 사람의 집 앞에 앉아 사랑하는 이를 기다려보았거나 그토록 먹고 싶었던 맛있는 음식이 나오기를 기다려본 이라면 누구나 기다림이 주는 쾌락과 고통의 중첩을 이해할 수 있

죠. 조금이라도 빨리 만나고 싶고 맛을 보고 싶으나 그럴 수 없어 생기는 고통과 조만간 맞이할 그 기쁨을 상상하는 쾌락의 중첩 말입니다. 대개 '설렘'이라고 하는 바로 그 느낌이죠.

한편으로는 부담스럽지만 쾌락과 고통이 한데 모여 설렘으로 남는 기다림은, 동시에 대단히 실천적인 행위입니다. 문이 열리기를 기다리는 사람은 문을 두드리고, 열매를 기다리는 사람은 씨앗을 심습니다. 그래서 기다림의 역설은 기다리는 동안 기다리지 않는다는 것에 있습니다. 우리는 살면서 참 많은 것들을 기다립니다. 너를 기다리고, 나를 기다리죠. 하지만 기다림은 우리를 마냥 기다리게만 하지 않습니다. 당신은 무엇을 기다리고 있나요? 어떻게 기다리지 않고 있나요?

#기다림 #쾌락 #고통 #역설의미학

라이프니츠와 최저시급

◇ 기본 사항
- 독일 상품 검토 업무, 독일어 필수
- 영어 가능자 우대

* 초보자도 가능합니다
- 엑셀, PPT 기본 활용 가능 필수
- 언어 스펙 부적격자 지원 자제 바람

◇ 근무 조건
- 근무 기간: 3개월~6개월 이상(협의 가능)
- 근무 요일: 월~금(업무 숙련 후 자택 근무 가능)
- 근무 시간: 09:00~18:00
- 급여: 시급 6,000원

독일의 철학자 고트프리트 빌헬름 라이프니츠는 철학자라는 수
식이 무색할 정도로 다재다능했습니다. 다양한 언어에 능통했

고, 우리가 지금 사용하는 컴퓨터의 기반이 되는 이진법 수 체계를 다듬었죠. 우리가 이름을 댈 수 있는 거의 모든 학문에 기념비적 영향과 업적을 남긴, 그야말로 천재입니다. 그렇지만 글쎄요, 라이프니츠도 지금의 한국에서 태어났으면 최저시급을 받으며 비정규직으로 살았을지도 모르겠습니다.

#라이프니츠도 #피해갈수없었다 #최저시급 #비정규직

공기 없이는 못 살아

고대 그리스의 철학자 아낙시메네스는 만물의 근원으로 '공기'를 꼽았어요. 끊임없이 움직이는 공기야말로 만물의 근원이라는 아낙시메네스의 철학은 지금까지 계승되는데, 특히 한국의 과자 회사들에게 많은 영향을 미쳤습니다. 공기를 소중히 여기는 한국의 과자 회사들은 과자 봉지에 과자보다 공기를 더 많이 넣는다고 하네요.

#과자반공기반 #만물 #아낙시메네스 #JYP #각성하라

미세먼지 때문에
깨끗한 공기를
넣었습니다.

EAT FRESH!

2부

일상을 비틀어
철학으로 보다

씹고 뜯고 맛보고

"기술의 발전이 사람들의 소통을 줄였어."

정말 그럴까요? 누구나 자기 방을 갖고 싶어 하듯, 사람들은 소통만큼 고립을 원합니다. 기술의 발전과 깊은 관계가 없는, 고립에 대한 본능적인 갈망이 있죠. 인간은 늘 고독을 뜯습니다. 기술이 있든, 없든 말입니다.

#고독 #외톨이 #혼밥 #소통부재 #고립무원 #어쩔

실제로 보면 다르답니다

"현대 미술은 이해할 수가 없어. SNS에서 봤는데, 괴상한 그림이 고가에 팔리더라고. 누구나 그릴 수 있는 그림 같던데?"

미술 작품을 스마트폰 화면으로 보는 것과 미술관에서 관람하는 것은, 오케스트라의 연주를 통화 연결음으로 듣는 것과 연주회에서 감상하는 것만큼 다릅니다. 취향은 주관이 독재하는 세계입니다. 당신이 현대 미술에 대해 느끼는 감정을 철저히 존중합니다. 그러나 본 적도 없는 예술에 대해 함부로 말하지는 마세요. 실제로 보면, 다르답니다.

#현실은다르다 #취향저격 #현대미술 #실제로보면 #주관

철학에 답이 있을까요?

철학에 답이 있을까요? 아니, 그전에 답이란 건 무엇일까요? 질문은 무엇이었죠? 질문에는 꼭 답을 해야 할까요? 답이 없는 질문도 의미가 있을까요? 답을 찾을 필요가 없는 질문은요? 답을 찾을 필요가 없는 질문이 가능하다면 질문은 무엇일까요?

답은, 그리고 질문은 무엇일까요? 철학에 답이 있을까요? 잠깐, 그전에 철학이 뭐죠? 그걸 모르는데 나는 이 글은 왜 썼을까요? 어떻게 쓰고 있는 걸까요? 나는 이 시간에 왜 안 자고 이러고 있을까요? 나는 어디, 여긴 누구일까요? 이걸 고민하면 답은 나올까요? 철학에 답이 있을까요?

#멘붕 #머리에쥐나요 #노답 #끝도없고 #철학님 #고민타파

뜨거운 아이스 아메리카노

정반대의 의미를 갖는 단어들을 결합시키는 것을 '형용 모순oxy-moron'이라고 합니다. 똑똑하다는 의미의 oxy와 바보를 뜻하는 moron이 합해 '똑똑한 바보'라는 뜻의, 그 자체로 이미 형용 모순인 단어죠. '소리 없는 아우성' '둥근 세모' '술을 마시고 운전을 했지만 음주운전을 한 것은 아니다'가 형용 모순의 대표적인 예입니다.

#형용모순 #정반대 #둥근세모 #말도안되는말

당신이
타인의 얼굴을 만날 때

프랑스의 철학자 엠마누엘 레비나스는 "얼굴은 이름보다 선행한다"라고 했습니다. 타인은 우리에게 이름으로 표시되는 것이 아니라 얼굴로 나타난다는 뜻이죠. 이름은 바꿀 수 있지만, (절대로 다까끼 마사오를 이야기하는 것이 아닙니다) 얼굴은 소유되고 지배받는 것을 저항합니다. 얼굴은 사물과 다릅니다. 사물은 전체의 부분이나 기능으로서 의미가 있지만 얼굴은 이렇게 규정될 수 있는 것이 아니죠. 얼굴은 코와 입, 눈으로 이루어지지만, 이는 판자와 서랍, 책상 다리가 모여 책상이 이루어지는 것과는 전혀 다른 것입니다. 책상과 달리 얼굴은 바라보고 호소하며 스스로 표현합니다. 얼굴과의 만남은 사물과는 전혀 다른 차원을 열어줍니다.

얼굴과의 만남은 절대적 경험이고, 레비나스는 얼굴이 스스로를 내보이는 방식을 '계시'라고 부릅니다. 온갖 복잡한 논의와 학술적인 연구를 초월하여 얼굴은 고유한 의미를 내비치고 있기 때문에 이러한 종교적인 단어를 사용한 것입니다. 수동적으로 불리는 이름과 달리 얼굴은 온전히 나의 것이기에, 얼굴은 존재를 알리는 가장 강력한 선언입니다. 따라서 편견의 범벅이 된 이름을 거치지 않고 누군가의 시선을 마주치는 것은 그 얼굴의 고유성, 고귀성을 만지는 행위죠. 당신이 만나는 사람의 얼굴을 따뜻한 시선으로 만져보세요. 어떤 존재가 느껴지나요?

#레비나스 #얼굴 #타자 #계시 #봄 #프랑스철학 #강영안

최'순'이고 확'실'한

덴마크의 철학자 쇠렌 키에르케고르는 대부분의 저작을 가명으로 출판했습니다. 진리는 스스로 탐구해 얻을 수 있는 철저히 개인적인 것이라고 여겼고, 따라서 저자의 이름이 진리 전달에 방해가 된다고 생각했기 때문입니다. 그렇습니다. 때때로 가명은 온전한 진리를 위한 하나의 방법론이 됩니다. 그게 정말 최'순'이고 확'실'할 때가 있는 것입니다.

#넌이름이뭐니 #길라임 #키에르케고르 #진리 #이름

꼰대 보존의 법칙

요즘 대학생들 정말 한숨만 나온다.

　요즘 대학생들은 선생들 위에 서고 싶어 하고, 선생들의 가르침에 논리가 아닌 그릇된 생각으로 도전한다. 강의에는 출석하지만 배우고자 하는 의지가 없다. 무시해도 되는 문제에 더 관심을 가진다. 그릇된 논리에 의지하려 하며, 자신들이 무지한 영역에 그 잣대를 들이댄다. 그렇게 오류의 화신이 된다. 멍청한 자존심 때문에 모르는 것을 질문하는 것도 창피해한다.

　요즘 대학생들은 주일에는 성당에 가서 미사를 드리는 대신, 친구들과 마을을 쏘다니거나 집에 틀어박혀 글이나 끼적인다. 만약 성당에 가게 되면, 하느님에 대한 공경으로 가는 것이 아니라 여자애들을 만나러 또는 잡담이나 나누러 간다. 그들은 부모님이나 교단으로부터 받은 학자금을 술집과 파티와 놀이에 흥청망청 써버리며, 결국 집에 지식도, 도덕도, 돈도 없이 돌아간다.

— 1311년, 영국의 철학자 알바루스 펠라기우스

#대학생 #힘들다 #꼰대 #펠라기우스 #어떻게해야할까

특별하지 않음의 특별함

특별하지 않으면 도태되는 세상이에요. 무슨 수를 써서라도 남들과는 다른 '나'를 만들어야 합니다. 남들과 같아진다는 것은 곧 경쟁에서의 탈락을 의미하기 때문이죠. 특별한 사람은 가까스로 평범해질 자격을 얻지만, 평범한 사람이 특별해질 자격을 얻기란 여간 어려운 것이 아닙니다.

그렇지만 우리가 사는 삶은 결과가 아니라 과정입니다. 매 순간 오직 새로운 삶의 과정을 살 뿐입니다. 삶의 결과를 살 수 있는 시간은 인간에게 허락되지 않았죠. 삶의 과정을 통해서만 삶의 결과에 대한 점수를 흐리게 예측할 수 있는 운명입니다.

그런데 모든 이가 특별함을 갈구하며 삶의 과정을 보내는데

나 역시 특별함을 갈구하는 삶의 과정을 산다면 그만큼 특별하지 않은 삶이 어디 있을까요? 우리, 가끔은 특별해야 한다는 강박에서 벗어나 특별하지 않은 시간을 보내면서 살아요. 어쩌면 그게 우리 시대의 특별한 삶일지도 몰라요.

#특별함과 #평범함의 #차이 #난달라 #뭐가맞는걸까 #슬프다

철학자와 논쟁하는 것은

철학자와 논쟁하는 것은 돼지와 진흙탕 속에서 레슬링을 하는 것에 견줄 만합니다. 몇 시간 지나면, 돼지가 즐기고 있다는 것을 알게 되거든요.

#철학배틀 #돼지 #레슬링 #철학을즐기자

다이몬과 태블릿 PC

소크라테스는 합리적인 사람이었지만, 항상 내면의 목소리를
들었습니다. '다이몬'이라고 하는 신적인 존재가 신과 인간의
중간에 있어서 우주의 기운을 전달해준다고 믿었죠.

그가 믿는 다이몬이 어떤 '연설'을 할지 알려준다는 이야기가
전해지자, 사람들은 이상한 신을 믿는다는 이유로 소크라테스
를 법정에 세웠고 결국 사형시켰습니다. 아니, 뭐, 그냥 그렇다
고요.

#소크라테스 #내면 #목소리 #연설문 #다이몬 #태블릿PC의그녀

올바름에 관하여

아테네의 부자 케팔로스의 집에 놀러간 소크라테스는 케팔로스와 올바름에 대해 이야기를 나눕니다. 케팔로스는 이렇게 말합니다. 부자로 살아 얻은 가장 큰 축복은, 돈이 많아 다른 사람들에게 빚질 것이 없어 올바르게 살다가 죽음을 맞이할 수 있다는 것이라고요.

소크라테스는 의문을 제기합니다. 남에게 빌린 것을 잘 갚는 것이 과연 올바름이냐고요. 나에게 무기를 빌려준 친구가 어느 날 미쳐버렸다면, 그 무기를 다시 돌려주는 것이 과연 올바른 일일까요? 무기를 돌려주지 않는 것이 더 안전하고 올바른 일일지도 모릅니다.

우리는 종종 친구의 요구를 거절할 때도 있습니다. 심지어 약속한 것을 깨야 할 때도 있습니다. 그래서 매 순간 올바름에 대해 깊이 고민해야 하는 것이죠. 이것을 친구에게 물어보아도 괜찮을까? 대신 조종해달라고 해도 괜찮을까? 혼이 정상이 되기 위해서는 이러한 반성적인 고민이 필수적이랍니다.

#케팔로스 #소크라테스 #올바름 #생각쫌합시다

지금 대통령이 누구예요?

태평성대의 대명사, 요순시대를 다스린 '요'라는 이름의 임금님이 있었습니다. 하루는 어느 신하가 그에게 백성을 다스리는 법을 물었다고 합니다. 요 임금님은 "백성이 왕이 누군지 모르게 다스리라"라고 하셨다는군요. 임금이 정치를 잘하면 백성들은 편안해서 왕이 누구인지도 관심을 갖지 않는다는 뜻이겠죠.

그런 의미에서 대한민국은 참으로 훌륭한 나라입니다. 지금 대통령이 누구인지 도통 알 수 없으니 말입니다. 이렇게 살기 좋은 나라를 다스리는 사람은 틀림없이 순실(淳實, 순박하고 참되다)한 지도자일 것입니다. 2016년의 대한민국이 요'순'시대가 아니고 무엇이겠습니까? 판사님, 저는 행복합니다!

#대통령 #요순시대 #순박하고 #참되다 #팩트폭격 #사이다

잘못 끼우면 불행해집니다

도덕적인 사람들도 집단으로 뭉치면 이기적인 태도를 보이는 경우를 우리는 왕왕 목격합니다. 집단은 언제나 '권한과 책임의 분산'을 전제하기에 그렇죠. 미국의 프로테스탄트 신학자 라인홀드 니버의 대표작이자 책의 제목만으로도 많은 점을 시사하는 《도덕적 개인과 비도덕적 사회》에서 분석했듯이 말입니다.

그러니 사회 구성원 각각이 깨어 있는 시민이라 해도, 그것만으로는 좋은 사회를 보장할 수 없습니다. 개인들이 뭉치면 전혀 새로운 사회적 효과가 발생하기 때문입니다. 개인의 훌륭함도 사회적으로 볼 필요가 있습니다. 제아무리 멀쩡한 레고 부품도, 잘못 끼워진다면 괴상한 전체를 만드니까요.

#개인윤리 #사회윤리 #집단 #개인 #라인홀드니버

말할 수 없는 것은
말할 수 없는 그대로

현현epiphany은 일상에서 초월적이고 무한한 것을 직관적으로 얻는 통찰을 말합니다. 말이 조금 어렵죠? 늘 걷던 길이 어느 날 다르게 보이면서 꽃 한 송이가 보이듯, 현현은 평범한 것이 새롭게 보이는 순간인 셈입니다.

이러한 현현은 크게 ① 어느 순간 신적인 존재를 직간접적으로 체험하는 현현이 중요하다는 종교적 의미, ② 문학의 역할은 현현이라는 일상의 재발견을 표현하고 기록하는 일이라는 문학비평적 의미로 나뉩니다.

일상에서 응축된 비일상성을 겪는 일. 개인의 체험의 가치를 눈여겨보는 현상학이나 인간의 감성을 다루는 미학 등에서도 현현은 빼놓을 수 없는 개념이죠. 현현은 감추어진 사물의 본색을 드러내는 값진 순간입니다.

일상에서는 볼 수 없던 본색이 갑자기 드러난다면 그 체험에 대해 합리적으로 설명하기 쉽지 않습니다. 다른 사람의 현현에 대한 설명을 들어도 이해하기 쉽지 않고요. 그래서 현현은 극히 구체적이고 개별적인 경험입니다.

그러니 누군가 본인이 겪은 현현에 대해 말하더라도 그를 '미친 놈' 취급하지 말아요. 그가 겪은 본색에 대한 통찰의 값은 상식으로 매기기 어려울지도 모릅니다. 나의 현현을 풀어서 설명할 필요도 없답니다. 말할 수 없는 것은 말할 수 없는 그대로 아름다우니까 말입니다.

#에피파니 #현상학 #미학 #사물의본질 #말할수없는것

있는 그대로, 쫌!

흔히 윤리학이라면 '해야 하는 것' '하지 않으면 곤란한 것'을 떠올리기 쉽습니다. 그러나 윤리학의 한 분야인 '기술 윤리학'은 조금 다릅니다. 인간 사회 곳곳의 윤리적 관습을 기술記述하는, 쉽게 말해 있는 그대로 적는 학문이거든요. 가끔은 손대지 않고 있는 그대로 보여주는 것이 더 좋은 답을 줄지도 모르겠습니다. 계산하지 않은 계산이 답에 가까울 때도 있으니까요.

#윤리학 #기술윤리학 #있는그대로 #인식의전환

현충일 민사의 ○○○○

국가는 그 거대한 덩치를 감당하기 위해 전쟁이라는 강도 높은 폭력을 자행했습니다. 애국이라는 이름 앞에 무수한 사람들은 쓸려나갔습니다. 그들 개개인의 존엄은 어디로 갔을까요? 우리는 그들을 국가라는 거대 기계의 동력원으로 추모하고 기리는 역겨운 위선을 베풀고 있죠. 현충일, 국가가 닦아버린 무수한 개인들의 존엄을 추모합니다.

#현충일 #이게나라냐 #무수한개인들 #추모

6月6日
현충일

여성스러운 것과
여성 혐오 사이

"너, 그렇게 하고 다니면 남자들이 안 좋아해"라는 옅지만 분명한 족쇄. 남성 중심적인 이 사회에서 여성의 기호를 남성의 기호로 환원시키는 낯설지 않은 억압이죠. 이 억압 덕택에 여성이 좋아(해야)하는 것들은 남성이 좋아하는 것들로 맞추어졌고, 이를 벗어나는 여성의 기호는 '여성스럽지 않은 것'이 되어 이상한 것으로 여겨지곤 했습니다. 그렇게 탄생한 '여성스럽지 않은 것'은 이내 여성들에게는 거추장스러운 것이 되었죠.

그러나 인간은 기호의 주인이지 노예가 아닙니다. 인간에게는 좋아하는 것을 선택할 권리가 있지만 다른 인간의 좋아하는 것으로 선택당할 의무는 없습니다. 누군가를 나의 입맛에 맞추도록 강요하는 것은 그를 동일한 인간으로 바라보지 않는 태도에서 기인하죠. 이렇게 누군가를 동일하게 여기지 않는 것, 혹은 낮추어보는 것을 '혐오'라고 합니다.

흔히 혐오라면 적극적으로 싫어하고 미워하는 것으로 여기지만, 혐오는 소극적이고 미시적인 곳에서, 심지어는 애정에서 출발합니다. 성소수자를 반대하는 (인간을 반대한다는 것이 어떤 것인지 모르겠습니다만) 목적으로 개설된 〈동성애자들을 사랑하여 동성애를 반대하는 페이지〉이라는 페이스북 페이지가 이를 잘 보여주죠. 비록 혐오로 점철된 거짓된 애정이지만, 저 페이지는 스스로 '혐오'가 아닌 '애정'에 기반을 두고 있다고 생각하거든요.

여성에 대한 혐오의 기제도 같은 방식으로, 있는지도 모를 정도로 굉장히 익숙하게 작동합니다. "나는 여자 좋아하는데? 우리 엄마도 사랑하고 여자 아이돌도 좋아하는데? 내가 어떻게 여성을 혐오해?"라고 답하려 한다면, 잠시만 멈추어보세요. 당신은 여성을 남성과 동일한 인간으로 보고 있나요? 어머니를 밥해주고 빨래해주는 존재로, 여자 아이돌을 성적인 서비스를 제공하는 개체로 보고 있지는 않고요?

인간을 동일하게 여기는 것은 어려운 과제입니다. 남성 중심

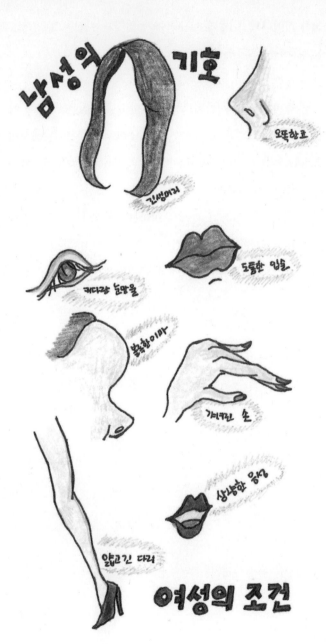

남성의 기호

오똑한코

긴 생머리

커다란 눈망울

도톰한 입술

볼록한 이마

가녀린 손

섹시한 입술

얇고 긴 다리

여성의 조건

적으로 돌아가는 세상에서 여성을 남성과 같은 존재로 보는 것은 참 어렵죠. 강한 혐오는 익숙해지고, 익숙한 혐오는 딱 맞는 옷을 입은 것처럼 자연스럽습니다. "너, 그렇게 하고 다니면 남자들이 안 좋아해"라는 자연스러운 말에 숨겨진 익숙하고 강한 혐오가 무서운 이유죠. 여성도 인간입니다. 아니, 여성은 인간입니다. 당신의 기호에 그를 편입시키지 말아요.

#혐오 #소수자 #편견 #우리는평등하다 #타자성

미술관 바닥의 안경

샌프란시스코 현대미술관에 간 고등학생들이 사람들을 낚기 위해 미술관 바닥에 안경을 놔두었다고 합니다. 사람들의 반응은 재미있었습니다. 다들 몰려와 안경을 유심히 지켜보고, 멋진 카메라로 찍기까지 했거든요.

BBC에서도 소개한 이 해프닝은 꽤 많은 사람들의 웃음을 자아냈습니다. 현대 미술이 얼핏 요란하고 난해하게 보이고, 관람자나 비평가들은 제대로 감상하지도 못하면서 묵직한 존경심까지 품는 모습을 잘 비꼬았다는 것이죠.

그런데 조금 더 고민해볼 문제입니다. 왜 사람들은 평범한 안경을 '관람'했을까요? 그저 '미술관에 있으니까' 미술로 안 것일까요? 그렇다면 안경을 보던 사람들은, 아무것도 얻지 못했을까요? 얻은 것이 전혀 없었는데 오랜 시간 관찰하고 기록하며 대화를 나누었을까요?

안경을 현대 미술로 착각하고 관람한 사건에서 우리는 '안경도 현대 미술이 될 수 있다'는 것을 엿볼 수 있습니다. 현대 미술을 보는 시선, 즉 낯설게 바라보는 시선으로 일상적인 사물을 본다면 새롭게 보인다는 것도 엿보이죠.

미술관에서 안경을 본 바로 그 시점에서 사람들은 이미 '안경을 현대 미술로 착각'한 것이 아닙니다. 안경이라는 평범한 사물을 현대 미술을 바라보는 시선으로 본 순간, 그들은 안경이 아니라 작품을 관람하고 있던 것이거든요. 안경을 현대 미술로 착각하는 순간, 안경을 현대 미술로 착각하지 못하는 역설.

작가와 작품, 독자 사이의 기묘하고 어색한 관계에 관해서도 생각해볼 수 있어요. 작품의 해석은 독자에게 맡겨집니다. 장난으로 미술관에 던져진 안경이지만, 사람들은 이 안경을 눈과 마음에 담았습니다. 사람들의 상상 속에서 안경은 얼마나 자유롭게 그 모습을 바꾸었을까요?

우리의 일상은 예술적인 공간입니다. 익숙한 사물을 어색하게 보는 실험. 굴러다니는 지우개 하나도 보일 듯 말듯 멀리서 보고, 툭툭 쳐보고, 냄새와 맛을 보고, 불을 끈 상태에서 만져보고, 한쪽 눈을 감고 본다면 분명히 다를 거예요. 주변을 보세요. 어떤 '일상', 아니 '예술'이 앉아 있나요?

문제가 아닌 것을 문제라고 하는 것

지식이 아니었던 것을 지식이라고 부른 사람들이 지동설과 진화론을 열었고, 인간이 아니었던 이들을 인간이라고 말한 사람들이 장애우와 여성의 인권을 넓혔습니다.

문제가 아니었던 것을 문제라고 하는 사람들이 문제를 해결합니다. 큰 불편 없이 사는 그 위장된 편안함 속에서 문제는 뿌리를 내리죠. 문제는 침묵을 먹고 중립을 마시며 큰 불편 없이 자랍니다.

#문제 #위장된 #편안함 #침묵 #중립 #혜민스님

무엇이 다를까?

예술과 기술은 다를까요? 흔히 사람들은 예술에는 기술에서 찾아볼 수 없는 인간적인 감성과 감정이 녹아들어 있다고 여깁니다. 그래서 예술은 기술이 따라잡을 수 없는, 반복적인 훈련 그 이상이 필요한 것처럼 보이기도 합니다.

인공지능이 반 고흐의 화풍을 학습하여 그린 그림이 있는데요, 인공지능이 그린 그림들은 비싸게 팔렸습니다. 2016년 2월 열린 샌프란시스코 미술 경매의 전시품 판매 수익은 1억 1,265만 원이었고, 가장 비싸게 팔린 그림은 920만 원이었다니 말입니다.

예술과 기술은 다를까요? 화풍을 학습해 풀어낸 인공지능의 그림이 예술이라면, 예술은 인간의 감수성을 배제하고도 창조될 수 있다는 것이고 동시에 예술은 인간 특유의 활동이 아니게 되죠. 예술은 기술과 다른 것이 없을까요? 글쎄요, 어쩌면 인간과 기계가 다르지 않은 것인지도 모르겠습니다.

#예술 #기술 #인공지능 #고흐 #인간 #기계

3부

딱 요만큼만의
철학 읽기

하늘의 뜻보다 중요한 것

고대 중국의 사상가 공자는 50세에 하늘의 뜻을 알았다고 합니
다. 천하를 주유하며 겪었던 지난한 인생사를 통해 걸어온 길과
걸어갈 길을 알았다는 의미일까요. 그런데 어쩌면 하늘의 뜻보
다 사람의 뜻에 귀를 기울여야 할지도요. "가혹한 정치는 호랑
이보다 무섭다"는 공자의 말처럼 말입니다.

#지천명 #쉰공자 #하늘의뜻 #사람의뜻 #귀담아듣자

내 마음입니다

인간은 늘 마음mind에 대해 고민했습니다. '나를 움직이는 이 마음은 어디 있고, 무엇을 하며, 누가 움직이고, 무엇인가?' 철학의 역사를 거치며 사람들은 마음을 영혼, 의식, 사고, 이성과 분리해서 고민하는 법을 익혔죠. 마음은 고민하기 참 어려운 주제입니다. '내 마음'대로 고민할 수 없으니 말입니다.

#김무성 #내마음입니다 #영혼 #의식 #사고 #이것도내마음

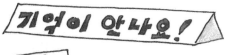

개강에 딱저 필요한 것

세상이 끊임없이 변화한다고 본 고대 그리스의 철학자 헤라클레이토스는 "같은 강에 두 번 발을 담글 수는 없다"라고 했습니다. 한번 발을 담근 강과 다시 발을 담글 강은 결코 같을 수 없는 강이니까요. 그러나 대학생들의 개강만큼은 예외입니다. 만국의 대학생들은 개강에 몇 번 발을 담가도 똑같이 죽을 맛입니다. 학교 가기 싫습니다. 수업 듣기 싫어요. 방학 전까지 늘 다녔던 학교인데 학교가 너무나 무섭습니다. 살려주세요(ㅠ_ㅠ).

#이거완전꿀잼 #개강 #헤라클레이토스 #죽을맛

경력 없는 책임자

독일의 철학자 칸트는 평생 살던 마을인 쾨니히스베르크를 거의 벗어난 적이 없지만 세계 곳곳의 자연을 줄줄 꿰고 있던 자연지리학 강사였습니다. 자연을 구경하지 못했어도 자연을 가르칠 수 있나 봅니다. 해상 경력이 없어도 해상 책임자가 될 수 있듯이 말입니다.

#칸트 #왕초보가능 #한미일해상책임자 #경력비교 #홍익태

가프이, 믿음으로!

역사에서 '잘못된 전쟁'은 없었습니다. 누군가의 사리사욕을 위해 수십만 명의 저항할 수 없는 자들을 학살한 전쟁도 분명 '올바른 전쟁'이었습니다. 때로는 신의 이름으로, 때로는 정의와 공의의 이름으로 합리화된 성스러운 전쟁들. 한 번의 살인은 광기를 탓할 수 있지만, 만 번의 살인은 흔들리지 않는 믿음에서 비롯됩니다. 정의를 위해 죽을 수 있는 자를 조심하세요.

#흔들리지않는편안함 #전체주의 #환원주의 #광기 #으리의리

수학자와 철학자에게
필요한 것

수학자에게 필요한 것은?

연필과 지우개.

철학자에게 필요한 것은?

연필과 지우개, 그리고 쓰레기통.

#수학자 #철학자 #쓰레기같은고민했구나 #김혜자

끝나지 않는 싸움

모든 학문이 그러하듯이, 철학에도 끝나지 않는 싸움이 있습니다. 인간의 본성에 선함이 있는지를 두고 수많은 철학자들이 피튀기는 논쟁을 열었고, 참된 것이라고 부를 만한 것이 이 세상에 존재하는지를 두고 수천 년 동안 설전을 벌이고 있죠.

지금 이 순간에도 많은 논쟁들이 생기고 있습니다. 현대의 과학철학계에서도 실재론과 반실재론의 논증과 반박이 이어지고 있죠. 끝나지 않은, 끝나지 않을 싸움을 시작한다는 그 묘한 흥분. 그 흥분에 매료된 철학자들은 오늘도 서로에게 논문이라는 이름의 도전장을 던지며 싸우고 있겠죠.

#끝없는논쟁 #나의도전을받아랏 #논문

나는 누구입니까?

공자는 정명正名, 즉 이름을 바로잡아야 한다는 이야기를 합니다. 이름은 개념입니다. 우리 사회를 구성하고 있는 다양한 가치들, 예를 들면 자유, 민주, 사랑의 뜻을 정확히 알고 그에 맞게 살 수 있다고 생각해보세요. 우리의 삶을 이루는 많은 것들이 정돈되고 질서가 잡히지 않을까요? 어지러울 때면, 이름을 말해보세요. 나는 누구이고, 내가 아닌 것은 무엇일까요?

#공자 #정명 #이름 #개념 #나는누규 #슬램덩크 #정대만

상식에 대한 착각

갈등과 판단을 회피하며 문제를 방관하고 구경하고 있는 것이,
반드시 '상식적인' 일은 아닙니다.

#상식 #비상식 #회피 #방관 #이제그만 #촌철살인

하늘에 인간이 없다면

연예인들이 이야기를 삼가며 정해진 모습만 공개하는 것을 두고 '신비주의'라고 하죠? 사실 신비주의는 신 또는 신적인 것과 하나가 되려는 시도를 말합니다. 신비주의와 더불어 인간의 이성에 대한 면밀한 반성을 되짚는 '합리주의'가 철학의 기틀을 다졌죠. 합리주의가 없는 신비주의, 다시 말해 인간이 없는 하늘은, 미신입니다.

#노오오오오력 #아프니까청춘이냥 #신비주의 #합리주의 #미신타파

고양이도 MB를 안다

고양이가 쥐를 잡으려 손을 뻗듯, 인간에게도 배우지 않고 아는 지식이 있을까요? 그러한 지식이 있다면, 그것을 지식이라고 부를 수 있을까요? 이러한 '앎'에 관한 질문들을 다루는 학문을 '인식론'이라고 합니다.

#다스의실소유주는누구 #선험적지식 #앎 #인식론 #촌철살인

무너지는 경계 속에

프랑스의 철학자 데카르트는 동물은 본능에 따라 움직이는 기계 장치에 불과하다는 '동물기계론'을 펼쳤습니다. 이러한 주장은 나아가 생물과 무생물 사이에 경계가 없다는 '유물론'과 인간 역시 기계에 불과하다는 '인간기계론'으로 움직였죠. 동물은, 그리고 인간은 그저 기계에 불과할까요?

#데카르트 #동물기계론 #유물론 #인간기계론 #뭐가맞는거여

내 속에는
내가 너무도 많아

철학의 위기는 늘 있었지만, 가장 위험했던 계기는 정신분석학의 등장이었습니다. 인간에 대한 사유가 목표이자 방법인 철학에서 실험과 통계의 가설을 바탕으로 하는 프로이트의 정신분석학은 위기 그 자체였죠. 프로이트는 자아와 자아를 규정하는 '또 다른 자아'가 있다며, 그 또 다른 자아를 엿보는 방법으로 꿈을 꼽았습니다. 꿈이나 말실수 같은 무의식적인 행동을 통해 숨겨지고 억눌린 욕망이 튀어나온다는 것이죠. 이것이 프로이트의 대표작 《꿈의 해석》의 주된 내용입니다.

다들 간밤에 좋은 꿈 꾸셨나요?

#철학의위기 #정신분석학 #프로이트 #자아 #꿈

역사를 세딕할 수 있을까?

역사는 실제로 일어났던 '사건'을 연구하는 학문입니다. 문제는 사건이 과거로 사라졌다는 것이죠. 그래서 역사학자들은 다양한 역사적 자료, 즉 '사료'를 통해 사건을 해석합니다. 그러한 엄밀한 추리를 통해 빛을 보는 것이 역사적 '사실'이죠.

역사에 대한 다양한 해석과 접근이 필요한 이유가 여기에 있습니다. 역사적 사실은 완전한 '진실'이 아닐 수 있거든요. 특정 목적을 갖고 잘못된 사료, 편향된 사료를 활용하여 사실을 해석해낼 수도 있습니다. 역사는 거울입니다. 하나의 거울로 입체적인 우리네 삶을 비출 수 없죠. 역사는 한 가지로 세탁될 수 없는 것입니다.

#역사 #사실왜곡 #진실규명 #역사는세탁불가

쾌락과 좋은 것의 차이

플라톤의 대화편 《고르기아스》에서 고대 그리스의 철학자 소크라테스는 극단적인 쾌락주의자 칼리클레스와 토론을 벌입니다. "욕구를 최대한 충족시키는 것이 좋음"이라는 칼리클레스에게 소크라테스는 이렇게 말합니다.

"쾌락과 좋음은 별개의 것입니다. 가려운 데가 있어서 긁고 싶을 때 마음껏 긁으면서 사는 것이 행복하게 사는 것입니까? 실컷 긁을 때는 잠시 쾌락을 느낄 수 있으나, 가려움증을 치유받는 것이 진정한 좋음일 것이외다. 진정 좋은 것은 쾌락보다 우월합니다."

#칼리클래스 #소크라테스 #쾌락 #좋음 #욕구충족

나는 슬플 때 춤을 춰

카타르시스cartharsis는 감정의 역설을 선명하게 보여주는 내면의 역동을 말합니다. 비극을 봄으로써 마음에 쌓여 있던 우울함, 불안감, 긴장감이 해소되고 마음이 정화되는 일을 카타르시스라고 부르죠. 마음속의 응어리를 풀어내는 과정입니다.

실컷 울면 속이 후련해지는 것이 대표적인 카타르시스예요. 사람마다 카타르시스를 느끼는 방법이 다르답니다. 스스로의 감정을 속이지 말고 마음껏 울고 웃으세요. 감정을 표출한 후에 느껴지는 그 해방감을 만끽하세요. 여러분은 슬플 때 어떻게 카타르시스를 느끼시나요?

#카타르시스 #감정 #울자 #웃자 #나만의방법 #난슬플때춤을춰

지식과 지혜와 철학

지식은 토마토가 과일이라 아는 것이고, 지혜는 토마토를 과일 샐러드에 넣지 않는 것이고, 철학은 케첩이 스무디인지 궁금해 하는 것입니다.

#지식 #지혜 #철학 #케첩 #스무디 #모르겠다옹

책은 솔직해

"여자가 책을 읽어서 좋을 게 없지. 주장을 갖고 생각하게 되거든."

"학생이 무슨 책을 읽어. 쓸데없는 생각 말고 공부나 해."

"그 나이에 무슨 독서야. 공부에도 다 때가 있는 거야."

책은 솔직합니다. 누가 읽든 스스로가 가진 진리의 빛을 나누어주기를 마다하지 않거든요. 그대가 누구이든, 책이 그대를 위해 준비한 맛난 식사를 즐길 수 있습니다. 두려워하지 마세요. 책이라는 글자들의 무한한 조합 속에 숨겨진 보물은 모두 그대의 것입니다.

#책 #최고의만찬 #북스타그램 #진리의빛

딱 요만큼만

고대 그리스의 철학자 아리스토텔레스는 "약간의 광기가 없는 천재란 있을 수 없다"라고 했습니다. 그렇지만 광기가 넘친다고, 많이 미쳤다고 반드시 천재라는 이야기는 아니겠죠? 그래서 아리스토텔레스가 모자라지도 넘치지도 않는, 상태인 '중용'을 이야기했던 것일까요?

#아리스토텔레스 #광기 #천재 #중용 #유사품 #○○○에미쳐라대란

천재, 그 고독한 자유

늘 시끌벅적한 대한민국이지만, 한동안 독특한 주제로 떠들썩
했죠. 어릴 적부터 '천재'라는 이름으로 살아온 젊은이 A 씨의
박사 학위 논문 표절 논란이 바로 그것입니다. 기억나시나요?
평범하지 않음에 유독 주목하는 대한민국에서 이 천재의 표절
논란은 일반인들까지 술렁거리게 만들었고, 수많은 뒷이야기를
낳았죠.

가만 보면, 천재라는 거룩한 칭호는 어릴 적부터 탁월한 소
질을 보인 이들에게 따라붙습니다. 바둑 천재 이창호가 15세에
스승 조훈현을 꺾은 것이 단적인 예죠. 그런데 인문학의 영역은
그렇지 않습니다. 인문학은 인생의 원숙한 경험을 필요로 합니
다. 물론 어디에나 예외는 있고요.

영국의 철학자 존 스튜어트 밀은 그야말로 인문학 천재였습니다. 밀의 모든 교육을 도맡았던 아버지의 방침에 따라 밀은 3세에 그리스어를, 8세에 라틴어를 공부했습니다. 그 후 12세에 그리스와 로마 주요 고전을 '원전'으로 읽었고, 12세까지 수많은 역사책을 직접 썼고, 16세부터는 본격적으로 논문을 쓰며 신문에 글을 투고했습니다.

하지만 천재는 그림자를 딛고 일어나야 하는 법이죠. 아버지의 '조기 영재 교육'은 감정을 지나치게 낮추어 평가했고, 밀은 20세부터 극심한 정서적 갈등으로 정신적 위기를 겪습니다. 이때부터 문학과 예술의 중요성을 깨달은 밀은 24세에 평생의 사상적 동료가 될 해리엇 테일러Harriet Taylor라는 여성을 만나 교류하며 상처를 치유하죠.

그런 과정을 겪으며 탄생한 작품이 밀의 대표작이자 정치사상사의 고전 《자유론》입니다. 《자유론》은 해리엇이 죽은 직후 출간되었는데, 밀은 《자유론》이 그녀의 영향을 받아 수정이 많이 이루어진 책임을 밝혔습니다. 게다가 모든 저작의 절반은 아내 해리엇의 몫이라고 여겼고요. 밀이 당시로는 무척 급진적이었던, 여성의 권리를 논하는 《여성의 종속》을 쓴 것도 전혀 어색하지 않죠.

천재는 그 분야에서 누릴 수 있는 자유를 만끽합니다. 대학생인 저도 쩔쩔매는 그리스어를 3세에 공부했고, 남들보다 20년이나 빨랐던 밀은 인문학의 세계에서 얼마나 자유로웠을까요. 그러나 어른이 된 밀이 몇 번이나 방황을 했던 것처럼, 그 자유는 깊숙이 고독한 것입니다. 마땅히 누려야 했던 어린 시절의 즐거움을 생략하고 얻은 자유는, 뛰어난 동료이자 연인을 만나면서 치유되었죠.

대한민국을 들쑤신 어느 젊은이의 박사 학위 논문 표절 논란이 시사하는 바가 큽니다. 아무리 천재라고 하더라도, 인간이라면 반드시 갖추어야 할 덕목이 있죠. 연구 윤리를 충분히 숙지하지 않고 지도 교수의 말만 앵무새처럼 따랐던 천재. 그가 천재라는 왕관의 무게를 버티기 위해, 그 고독한 자유를 누리기 위해 필요한 것은 시와 노래, 그리고 일상을 나눌 수 있는 동료가 아니었을까요.

#천재와 #바보는 #한끗차이 #존스튜어트밀 #자유론 #표절

4부

철학은 재미있는
인간 속에서

철학자와 수저

철학자들도 각자 물고 태어난 수저가 다릅니다. 소크라테스처럼 평생 가난하게 산 사람도 있고, 추방을 당해 광학렌즈를 깎으며 산 스피노자 같은 사람도 있으며, 후설처럼 유대인이라는 죄로 말년에 고생한 이도 있습니다.

물론 아리스토텔레스처럼 알렉산더 대왕의 가정교사를 한 철학자도 있고, 플라톤이나 루트비히 비트겐슈타인, 버트런드 러셀처럼 명문가 귀족의 자제로 태어난 이도 있죠. 물론 끝판왕은 왕의 아들로 태어난 석가모니입니다.

철학자들마다 태어난 환경은 다르지만, 지혜와 진리를 향한 그들의 열정은 환경의 영향을 받지는 않았습니다. 소크라테스

는 가난을 부끄러워한 적이 없고, 석가모니는 왕가를 박차고 나와 가장 가난한 길을 걸었죠.

　그래요. 배고픈 길을 걷는데 값이 나가는·수저를 물었다면 더 든든히 걷겠죠. 그래도 별 수 있나요. 철저히 '나'의 사유를 다지는 길인데, 밥보다 밥에 대한 생각으로 배를 채워야죠. 철학만큼은, 아빠 도움으로 탑승할 수 없는 것인지도 모르겠습니다. (박)그네는 아빠 도움으로 탑승할 수 있어도 말입니다.

#그네는 #아빠도움으로 #탑승 #철학은 #안됨 #철학하자

어쩌면 철학은

"나는 생각한다. 고로 존재한다"라는 말로 유명한 데카르트는 17세기에 근대 철학의 문을 열었습니다. 데카르트의 대표작《방법서설》은 철학 고전을 처음 읽는 분들께 추천할 만한 책이죠.

그런데《방법서설》에는 특이한 점이 있습니다. 놀랍게도, 불어로 쓰였다는 점입니다. 당시 유럽을 지배했던 학술 언어는 라틴어였기에, 학자들은 모두 라틴어로 책을 읽고 썼거든요. 그렇지만 데카르트는 학자뿐만 아니라 평민들도 이 책을 읽을 수 있도록, 당시로는 파격적인 불어로 책을 쓰는 방법을 택했습니다.

계몽주의의 문을 연 데카르트. 그 낡은 금단의 문을 연 것으로 아직도 데카르트는 비판받고 있지만, 그가 택한 "대중의 언

어로 쓰는 것"은 대표작 《방법서설》이 철학의 길에 들어선 이들에게 좋은 교과서가 되는 데 큰 몫을 했겠죠. 철학은 아무나 갈 수 있는 길이 아니지만, 누구나 갈 수 있는 길인지도 모르겠습니다.

화이트헤드 제거는
내가 한다고 전해라

영국의 철학자이자 수학자인 알프레드 노스 화이트헤드는 기호 논리학을 확립한 사람입니다. 러셀과 함께 《수학원리》를 쓴 저자로 잘 알려져 있죠. "모든 서양 철학은 플라톤의 해설에 불과하다"라는 말을 남기고 더 유명해지기도 했습니다.

자연을 과정으로 보는 과정철학의 대가이기도 한 화이트헤드가 비판받는 이유 중 하나는 동양을 바라보는 그의 시선에 있습니다. 화이트헤드는 동양이 '과학'을 정립하지 못한 이유가 합리적 사고의 결여, 자연에 대한 신념이라고 말하거든요. 동양을 오직 서양의 시선으로 해석하는 것이죠. 언제쯤 이러한 편견 없이, 편견을 '제거'하고 서로를 볼 수 있을까요?

#화이트헤드 #블랙헤드 #편견 #제거

노동자의 몫

은행가와 노동자, 그리고 이주민이 과자 20개가 있는 탁자에 둘러앉았습니다. 은행가는 과자 19개를 가져가더니, 노동자에게 이렇게 말했습니다.

"조심해, 저 이주민이 당신 몫의 과자를 가져갈 거야."

#자본주의 #노동자 #기업가 #흙수저 #불공평 #프롤레타리아

인간은 재밌어

철학을 공부한다고 하면, 꼭 듣는 질문이 "철학을 왜 공부하느냐?"입니다. 물론 알고 있어요. 정말로 묻고 싶은 것은, 학문에 대한 열정이 아님을. 그 질문의 행간에는 쓸데없는 것을 왜 하느냐라는 낮은 농도의 조롱이 섞여 있음을.

그렇지만 어쩌겠어요. 인간을 아는 것이 즐겁고, 인간의 흔적을 살피는 것이 달콤한데. 인간에 대해 치밀하게 사유한 길을 좇는 그 맛을 잊을 수가 없는데. 철학을 왜 공부하느냐라는, 가장 철학적인 질문을 던지는 이들에게 저는 항상 대답합니다.

"인간은 재밌어!"

#인간은재밌어 #철학도재밌어 #인간학 #철학

아모르파티

아모르파티Amor Fati는 '운명에 대한 사랑'을 말합니다. 고통과 상실까지 떠안는, 운명에 대한 사랑. 니체는 운명의 필연성을 받아들일 때 인간의 창조성이 빛난다고 말했어요. 그러나 우리는 주어진 운명뿐만 아니라 그 운명을 거부하고 거스를 운명까지 사랑할 때 더 행복하지 않을까요?

#아모르파티 #김연자 #니체 #운명을사랑하라

꿈을 꾸는 꿈

꿈을 꾼다고 이룰 수 있는 것도 아닌데
꿈이 없다고 내일 당장 죽지도 않는데
꿈을 꾸라고 하지 마 나는 그냥 살아질래

'디깅디깅 김디깅'의 노래 〈살아질래〉의 첫 가사입니다. 지
하철이 들어오는 소리를 듣고 지었다고 해요. 그래요, 우리는
이미 꿈을 갖는 것이 꿈이 되어버린 시대에 살고 있어요. 꿈을
갖는다는 것만으로도 모두가 부러워할, 벌써 꿈을 이룬 사람이
되죠. 그래서 매일 꿈을 꿉니다. 꿈을, 꿈다운 꿈을 꾸는 것만
으로도 행복해질 수 있으니까요. 쉬지 않고 꿈을 꿉니다. 꿈에
서 깨면, 꿈을 꿀 수 없으니까요.

#꿈 #디깅디깅 #김디깅 #살아질래 #꿈꾸는삶

마음을 곱게 쓰면

동물의 심리를 진화론적 관점에서 이해하는 학문, 진화심리학.
주로 인간의 심리를 연구하는 진화심리학에서는 기존의 과학이
할 수 없을 거라 생각했던 인간의 마음에 대한 탐구를 활발히
진행하며 사회학, 철학 등의 영역으로까지 뻗어가고 있죠. 닭
(그네)을 연구하는 어느 진화심리학자에 따르면, 마음을 곱게 쓰
면 피부 관리도 된다고 하니 실로 학문의 발전이 놀랍습니다.

#진화심리학 #마음을곱게 #그네의심리 #피부관리 #닭그네

이거 다 거짓말인 거
아시죠?

"여러분, 이거 다 거짓말인 거 아시죠?"

이 문장은 참일까요, 거짓일까요? 만약 참이라면, 저 말을 하는 동시에 거짓말을 하고 있는 것입니다. 문장이 참인데 '이거 다 거짓말'이라고 하니까요. 만약 거짓이라면, 그래도 거짓말을 하고 있습니다. 거짓을 말하고 있다는 것은 참인데 거짓말을 하고 있다니, 분명 거짓말이죠.

복잡하죠? 뇌를 부드럽게 만들어주는 이 논리는 '러셀의 패러독스'라고 불립니다. '자기 지시어'와 관련된 재미있는 이야기죠. 이 논리를 이해해야 토론뿐만 아니라 일상적인 대화에서도 헷갈리지 않고 소통할 수 있습니다. 여러 소통의 문제가 여기서

발생하니, 꼭 숙지하세요. 그렇지 않으면 온, 갖! 음해, 에! 시달
린답니다.

디지몬 어드벤처와
아리스토텔레스

어느덧 고등학생이 된 디지몬 친구들의 이야기를 그리는 〈디지몬 어드벤처 트라이〉가 나왔다는 소식을 듣고 찾아보았습니다. 1999년에 나온 〈디지몬 어드벤처〉에서 12세이던 친구들이 2015년에 아직도 고등학생이라는 게 어색했죠. 하지만 1990년대에 태어난 이들을 묶을 수 있는 몇 안 되는 만화인 만큼 추억에 잠겨 즐겁게 보았습니다.

1990년대와 20대를 묶는 만화가 하나 더 있죠. 바로 전 세계적으로 대인기를 끈 〈포켓몬스터〉입니다. 기괴한 생명체의 키메라들을 친구라는 이름으로 복종시켜 인간의 대리전으로 활용한다는 점에서 두 만화는 결이 비슷합니다. 대부분의 또래들이 그러했듯 저도 두 만화에 열광했고, 동시 방영하면 나중에 보려고 녹화까지 했죠.

그러나 〈디지몬 어드벤처〉와 〈포켓몬스터〉는 분명 다른 점이 있습니다. 무엇보다도 두드러지는 차이는 디지몬은 멋지게 진화하더라도 전투가 끝나면 원래의 모습으로 돌아온다는 것이고, 포켓몬은 큰 사고가 일어나지 않는 이상 진화한 상태를 유지한다는 것이죠. 비슷하지만 다른 두 만화. 어느 만화가 더 재미있는지 친구와 말다툼한 기억도 생생하네요. 여러분은 어떤 만화를 더 좋아하셨나요?

철학자들은 어떤 만화를 더 좋아할까요? 만약 〈디지몬 어드벤처〉와 〈포켓몬스터〉가 고대 그리스의 광장에서 동시 방영했다면, 철학자 아리스토텔레스는 아마도 〈디지몬 어드벤처〉를 보았을 겁니다. 인간의 삶의 목적과 올바른 삶의 방식을 탐구했던 아리스토텔레스의 인간관은, 〈포켓몬스터〉보다 〈디지몬 어드벤처〉와 닮았거든요.

아리스토텔레스는 덕이 있는 탁월한 인간을 지향합니다. 그 탁월함을 위해서 인간은 두 가지가 필요한데, 바로 '성향'과 '판단'입니다. 올바르게 행동하려는 성향과 올바른 실천을 행하는 판단 능력을 강조한 것이죠. 한 번의 생각이나 행동이 인간을 탁월하게 만드는 것이 아니고, 꾸준히 좋은 행동을 하도록 만드는 '성향'과 '판단'이 중요하죠.

인간은 때때로 좋은 일을 합니다. 아무리 악한 인간이라도 말입니다. 반대로, 선하고 훌륭한 사람이 돌이킬 수 없는 실수를 저지르기도 하죠. 이런 상황에서 우리는 당황합니다. 그러나 아리스토텔레스가 말했듯 인간에게는 탁월함을 꾸준히 갈고 닦는 성향과 판단이 필요합니다. 선한 성향이 있는 사람도 판단 능력이 부족하여 악한 일을 저지를 수 있는 것이죠.

다시 말해, 인간은 포켓몬이 아니라 디지몬처럼 성장합니다. 한 번의 격정적인 성장으로 '진화'하는 존재가 아니고, 좋은 선택을 했더라도 삶의 곳곳에서 성향과 판단을 닦는 훈련이 부족하면 얼마든지 덕을 잃을 수 있습니다. '궁극체'까지 진화했다가도 전투가 끝나면 이내 '유년기'로 돌아오는 디지몬들처럼 말입니다. 인간은 스스로 포켓몬처럼 성장한다고 생각하지만, 아쉽게도 그렇지 않습니다.

이렇게 아리스토텔레스는 모든 인간이 '덕' '행복'과 같은 좋음을 목적으로 두고 산다고 보았습니다. 볼링공에도 목적이 있듯 인간의 삶에 목적telos이 있는 것이죠. 그런데 문득 궁금해집니다. 디지몬과 포켓몬은 무슨 목적으로 살았을까요? 디지몬은 궁극체를, 포켓몬은 최종 진화를 꿈꾸며 살았을까요? 아니면 그들도 덕과 행복을 꿈꾸며 살았을까요? 태일이가 떠난 후의 아구몬과 지우가 자리를 비운 피카츄는 무엇을 위해 살았을까요?

#디지몬 #포켓몬 #아리스토텔레스 #성향 #판단 #덕 #행복 #목적

비교할 수 없는 두 가지

철학을 공부한다면 적잖은 사람들이 철학관을 떠올립니다. 하지만 진리 탐구와 점보는 일을 비교하는 것은 큰 실례입니다. 진리 탐구는 아무도 돈을 주지 않지만 점을 보면 돈을 많이 벌 수 있거든요.

#철학관 #철학 #무슨사이 #가끔헷갈려 #진리탐구 #점보기

책을 읽는 이유

책을 읽는 것은 말을 잘하기 위함이 아니라 덜하기 위함입니다. 말을 할 때에는 그 말이 침묵보다 나아야 합니다. 침묵보다 나은 소리를 잡음 없이 효율적이고 압축적으로 내기 위해 우리는 책을 읽습니다.

#책 #말 #침묵 #소리 #잡음 #북스타그램

프로이트가
초등학교 화장실에?

자주 다니는 지하철역 근처에 '장어 무한 리필' 식당이 있습니다. 장어를 좋아하여 급식 통을 비운 적도 있으니 종종 그 식당을 찾죠. 그런데 식당에서 꿈틀대는 장어를 보면 생각나는 사람이 있습니다. 수백 마리의 뱀장어를 해부했던 동물학도, 그러나 나중에 인간의 정신을 해부했던 정신분석학자, 지그문트 프로이트입니다.

베개보다 두꺼운 철학책도 때로는 한 단어로 압축되곤 하죠. 프로이트의 어마어마한 글들도 거칠게 모아 '성욕'이라는 말에 욱여넣을 수 있습니다. 인간의 마음 깊이 성적인 욕망들이 발현하여 인간을 움직이는 원동력이 된다는 프로이트의 사상은, 인간을 이성적이고 신을 닮은 존재로 생각했던 기존의 관점을 완전히 뒤흔들었죠.

　초등학교를 다니셨다면 모두가 공감할 수 있는 이야기가 있습니다. 바로 화장실인데요, 초등학교 화장실에서는 똥을 쌀수 없다는 묘한 불문율이 있습니다. 편히 대소변을 해결하는 공간인 화장실에서 똥을 싸는 일이 왜 그렇게 이상한 일로 취급을 받을까요? 알다가도 모를 일입니다. 그런데 여기서 프로이트의 눈이 반짝이네요(+_+).

　프로이트는 성적 욕망을 느끼는 신체 부위의 변화에 따른 인간의 성장을 이야기했습니다. 어린아이들은 무엇이든지 입에 집어 넣으려고 하죠? 이것이 '구강기'입니다. 시간이 지나 아이들은 화장실 가는 법을 익히는데, 프로이트는 이 '항문기' 때 배변 활동을 통해 쾌락을 느낀다고 이야기합니다. 여기서 좀 더 크면 아이들은 남성과 여성을 구별하는 법을 알게 됩니다. 바로 '남근기'죠.

　여기까지가 자신의 신체에서 욕망을 발견하는 기간이고, 만7세가 넘어갈 즈음부터 사회적 관계를 통해 욕망을 알게 된다고 프로이트는 말합니다. 사춘기 이전까지는 욕망을 운동, 취미, 친구 관계 등을 통해 해소하는 '잠복기'를 지나 정서적이고

The interpretation of 변

1856 - 1939

지그문트 프로이트

성적인 욕망 모두의 자유를 원하는 시기, 흔히 사춘기로 아는 '성욕기'가 온다는 것이죠.

초등학교에서 화장실에서의 배변이 왜 이상하게 여겨졌는지 눈치채셨나요? 어린아이들일수록 똥을 싸는 순수한 일로 육체적인 욕망을 해결합니다. 운동과 취미 등으로 그 욕망을 해결하는 '잠복기'를 보내는 초등학생들에게 똥을 싸는 일은 유치한 욕망을 해결하는 것이죠. 똥을 싸는 일이 아무리 자연스러운 일이라도 말입니다. 초등학생들에게 똥을 싸는 일은 성인의 자위 행위처럼 비밀스러운 것이죠.

지동설의 코페르니쿠스, 진화론의 찰스 다윈과 함께 고정관념을 부순 사상가, 프로이트. 그러나 그는 현재는 완전히 밀려난 학자입니다. 심리학과 교육학계에서 프로이트는 인간의 마음을 과하게 단순화했다는 비판을 늘 받죠. 하지만 글쎄요, 허구한 날 똥 같은 기사로 낚시질을 즐기는 언론과 말을 바꾸며 똥을 싸지르는 정치인들을 보면, 3~4세 수준의 아이들이 똥을 싸는 일로 쾌락을 느낀다는 프로이트의 말은 일리 있지 않을까요?

#프로이트 #화장실 #똥 #남근기 #잠복기 #성욕기 #정치인은각성하라

헤겔은 독일어를
못 했다고?

독일의 철학자 헤겔이 책을 쓸 때마다 독일 사람들은 말했습니다. 도대체 이 책은 언제 독일어로 번역되느냐고요. 그런데 사실, 헤겔은 독일어로 책을 썼답니다.

그네어와 삼각인식론의
영향 관계

철학과 새내기들이 교수님들과 만나는 자리에서 사회를 맡았습니다. 자리가 끝날 무렵 "철학자들에게 궁금했던 것을 질문해보세요!"라고 하니, 어느 새내기가 찾아와 말하더군요. "철학자는 옛날에 살다 죽은 사람 같은 느낌이 드는데, 교수님들한테 철학자라니까 묘하더라"라고요.

철학자라고 하면 대개 플라톤이나 공자 같은 오래전 사람을 떠올립니다. 물론 그렇지 않죠. 시대를 막론하고 존재하는 것이 철학자입니다. 현대 철학의 주제들에 영향을 미친 철학자 도널드 데이빗슨은 2003년에 사망했습니다. 2002년 한일 월드컵 기간에도 데이빗슨은 논문을 쓰고 있었죠.

나,
그리고 나,
또! 나예요.

대한민국
3각 인식론

2013.02 ~ 2017.03

데이빗슨이 이야기하는 '삼각인식론'은 획기적입니다. '앎'을 다루는 철학의 분야, '인식론'은 전통적으로 '나' 중심이었습니다. 1인칭 시점에서 세계를 보면서 '나' 중심으로 세계를 이해하는 길을 탐구했죠. 그런데 데이빗슨은 고개를 젓습니다. 올바른 이해에는 나, 너, 우리라는 세 가지 조건이 있어야 한다는 것이 그의 삼각인식론입니다.

여기서 '나'는 1인칭의 마음이고, '너'는 다른 사람의 마음, '우리'는 세계입니다. 앎은 1인칭인 내가 하는 것이니 1인칭의 마음이, 객관적인 진리는 소통에 근거를 두니 다른 사람의 마음이, '나와 너'가 이야기하는 앎의 대상으로서의 세계가 필요한 것이죠.

꽤 어렵죠? 쉽게 말해 데이빗슨은 앎과 믿음을 구분하고 싶었어요. 1인칭만 강조하는 전통적인 인식론에서 "나는 내가 슈퍼맨이라고 믿는다!"를 반박할 수 없거든요. 1인칭의 믿음과 객관적인 세계를 구분하기 위해, 데이빗슨은 너와 우리까지 포함하여 삼각인식론을 주장한 것입니다.

그런데 데이빗슨을 정면으로 반박한 철학자가 있습니다. 데이빗슨보다 최근에 태어났고 지금도 활동하고 있는, 박근혜 전

대통령입니다. 박근혜는 데이빗슨의 삼각인식론을 전면적으로 부정합니다. 의사소통에서 중요한 것은 나, 너, 우리가 아니라 '나'임을 강조하면서요. 내가 말하면 너와 세계는 알아들어라, 못 알아들으면 혼이 비정상이라는 것이 데이빗슨의 인식론입니다. 이러한 인식론적 입장을 갖고 있는 데이빗슨답게, 아무도 그의 말을 못 알아들었대요. 너와 우리를 배제한 그의 말은 오랫동안 수많은 학자들이 해독하려고 했지만 실패했죠.

여하튼 기억할 것은 철학자가 오래전에 살다 죽은 사람들이 아니라는 점입니다. 지금도 우리 곁에서 사유를 꾸준히 닦고 있죠. 설령 아무도 그의 사유를 못 알아듣는다고 해도 말입니다. 철학자들의 그러한 난해한 사유를 이해하는 것, 그것이 우리의 핵심 목표입니다.

#그네어 #삼각인식론 #데이빗슨 #철학자박그네

양명학과 허니버터칩

같은 반 친구인 주희와 수인이가 싸우고 있네요. 과자 한 봉지를 놓고 옥신각신하는 걸 보니 과자를 먹겠다고 싸우는 걸까요? 들여다보니 '허니통통'이네요. '허니버터칩 대란' 무렵 허니버터칩과 같은 맛으로 인기를 끈 허니통통이 왜 두 친구를 싸우게 만들었을까요?

아하, 두 친구의 이야기를 들어보니 알겠네요. 주희의 생일선물로 수인이가 허니버터칩을 구해주겠다고 했답니다. 그런데 수인이가 구한 과자는 허니통통. 허니버터칩을 기대했는데 허니통통이라니, 주희가 토라졌나봅니다. 토라진 주희를 보니 수인이도 마음이 상했군요.

주희가 말합니다. "어떻게 두 과자가 같냐? 둘은 완전히 다른 과자인데." 수인이도 할 말이 있네요. "그게 무슨 다른 과자야. 내가 먹어봤는데, 맛은 똑같아. 허니버터칩이라고 생각하고 먹으면 허니버터칩이랑 다를 게 없어."

주희가 다시 말합니다. "모든 과자에는 고유한 맛이 있는 거야. 그 나름의 맛을 즐기려고 여러 과자를 먹는 거지. 똑같은 과자 맛이 어딨냐?" 수인이도 쏘아붙입니다. "마음이 중요한 거야. 둘 다 맛은 비슷한데, 그렇게 기분 나쁘게 생각하고 먹으면 둘 다 맛이 없는 거지! 안 먹을 거면 관둬."

결국 두 친구는 이견을 좁히지 못하고, 애꿎은 허니통통은 아무에게도 환영받지 못하고 아무도 없는 교실의 책상에 덩그러니 놓였네요. 결국 옆 반 당번인 형원이가 발견하고 맛나게 까먹었습니다.

주희는 주자학의 아버지, 주자의 본명입니다. 수인은 양명학을 만든 왕양명의 본명이고요. 동아시아를 통틀어 주자의 권위는 절대적이었습니다. 주자의 해석이 아니면 이단으로 몰려 마녀사냥을 당할 정도였죠. 주자는 모든 사물에 이치가 있다고 주장했습니다. 각 사물을 관찰하여 이치를 캐내는 것이 중요하다고 생각했죠.

왕양명은 이를 거부했습니다. 젊을 때 대나무의 이치를 살펴보기 위해 일주일 동안 대나무를 관찰하다 앓아누운 적이 있었거든요. 그 후 양명이 깨달은 것은, 사물에 이치가 있는 것이 아니라 마음에 이치가 있다는 것이었습니다. 마음에 이치가 있는데 사물에서 이치를 찾으려 하니 문제가 생긴다는 것이죠.

'허니버터칩과 허니통통은 각각 고유한 맛을 갖고 있다'는 주자학의 권위에 도전하는 '허니통통도 허니버터칩이라고 생각하면 그 맛이 난다'는 양명학. 그런데 조선 중기에는 '허니버터칩이든 허니통통이든 먹고 봐라'라고 주장하는 유형원과 정약용과 같은 실학자들이 등장합니다.

허니버터칩과 허니통통은 같은 맛일까요, 다른 맛일까요? 허니버터칩이 처음 나왔을 때는 "와, 대박! 완전 새로운 맛!"이라고 이야기했었죠. 허니버터칩 대란이 지난 지금은 "둘 다 거기서 거기지 뭐" 하고 생각하고요. 어쩌면 "일단 먹고 보자"가 가장 맞는 말일지도 모르겠습니다.

#허니버터칩 #허니통통 #주자학 #양명학 #도긴개긴

고자가 고자라니

옛날에 맹자와 고자라는 두 친구가 살았어요. 두 친구는 만나기만 하면 인간의 본성에 대해 토론했어요. 여느 날처럼 맹자는 친구 고자의 집에 토론하러 갔어요. 그런데 고자가 쿨쿨 자고 있는 것이 아니겠어요? 맹자는 고자를 흔들어 깨웠어요. 고자가 잠결에 말했습니다.

고자   여기가 어디요?

맹자   너네 집이에요. 안심하세요. 인간 본성에 대해서 너가 말한 게 틀렸다는 이야기를 하려고 왔어요.

고자   이보시오, 맹자 양반. 그게 무슨 소리요? 틀렸다니!

맹자   에, 어느 정도 잠이 깨면 이야기해주려고 했는데, 인간의 본성은 선합니다. 인의예지의 사덕을 타고났다

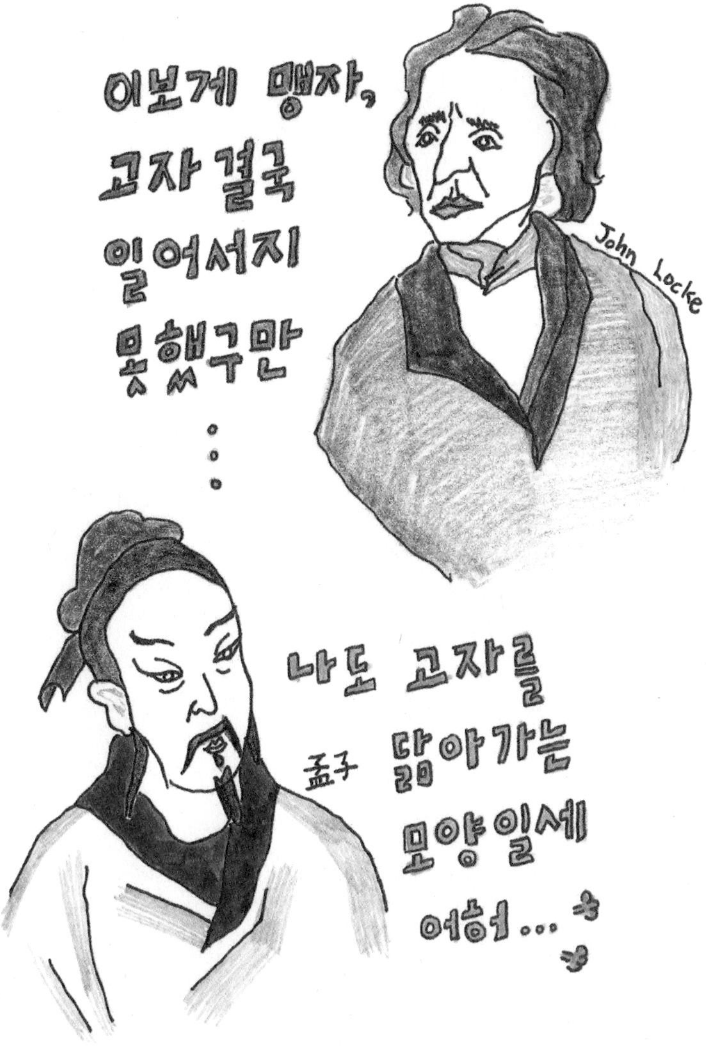

이보게 맹자,
고자 결국
일어서지
못했구만
...
John Locke
나도 고자를
닮아가는
모양일세
어허...
孟子

이 말입니다.

고자 뭐요? 이보시오, 맹자 양반. 물을 보시오. 물이 동쪽으로 흐르는 것은 물길이 동쪽으로 났기 때문이오. 인간의 본성도 환경이 결정하는 거요!

열변을 토하는 고자는 자신이 밀리고 있다는 걸 깨닫고 다른 친구의 도움을 받기로 결심했습니다. 자신과 같이 인간은 태어날 때 백지 상태로 태어난다고 이야기했던 친구 존 로크 말입니다.

고자 이보시오, 여기 전화 좀 주시오. 로크한테 전화해서 인간 백지설 이야기를 들어야 한단 말이오!

맹자 이보세요, 지금은 춘추전국시대예요. 전화는 없어요. 저는 이만 어머니 따라 세 번 이사하러 가야 하니 그만 쉬세요.

맹자가 떠나고, 고자는 자리를 박차고 일어나 싸우고 싶었지만 아래쪽에 감각이 없어 일어날 수가 없었습니다. 결국 고자는 맹자에게 밀려났고, 맹자는 서당 옆으로 이사를 가서 박사 학위를 받았지만 국내 박사라 교수 임용에 실패했답니다. 여담이지만, 로크는 해외파 박사라 단번에 교수가 되었다고 하네요.

#고자가고자라니 #대박 #맹자 #존로크 #성선설 #성악설 #19금

안철수와 논리적 참

철학과에 가면 수학을 안 해도 된다고 생각하는 분이 계시다면, 꼭 그렇지는 않다는 말씀을 드리고 싶습니다. 수리철학이나 과학철학을 공부하면 수학적인 틀이 있어야 하고, 논리학 수업에도 고등학교 수학 시간에 배웠던 게 나오거든요. 수학을 못 하는 저는 논리학이 어려웠습니다.

하루는 '논리적 참'이라는 개념이 헷갈려 아둔한 머리를 탓하고 있었습니다. 외부 경험적 세계에 의존할 필요가 없는, 형식에 의한 참. 이게 뭔 소린지(-_-). 그런데 섬광처럼 스치는 것이 있었으니 바로 2012년, 대통령 선거가 있던 당시 안철수 후보의 인터뷰였습니다.

과학자와 사업가로 일하다가 대통령 후보직에 기웃대던 안철수. 그가 대통령 선거에 나올 것인지에 이목이 집중된 가운데 그는 이렇게 말했습니다. 대통령 선거에 "나갈 수도 있고, 안 나갈 수도 있다"고. 여기까지 생각이 미치고 깨달았습니다. 이게 논리적 참이구나!

겨울의 눈은 하얗습니다. 그럼 "눈은 하얗다"고 말할 수 있죠. 그런데 대기 오염으로 노란 눈이 내리는 지역도 있겠죠. 그러나 "눈은 노랗다"고 말할 수는 없습니다. 분명 하얀 눈이 있으니까요. 그렇다면 이렇게 말하면 어떨까요? "눈은 하얀색일 수도 있고, 아닐 수도 있다." 놀랍게도, 세상에 어떤 색의 눈이 존재해도 올바른 문장이 되어버렸습니다.

더욱 놀라운 것은, 이 문장에 눈과 색 대신 무슨 단어를 넣어도 올바른 문장이 된다는 것입니다. "지금은 4시 8분일 수도 있고, 아닐 수도 있다" "나는 오늘 점심을 먹었을 수도 있고, 아닐 수도 있다" "안철수가 이 글을 보고 빡쳐서 내 컴퓨터를 해킹하고 바이러스를 퍼뜨릴 수도 있고, 아닐 수도 있다" 모두 올바른 문장입니다.

그러나 올바른 문장이 의미 있는 문장은 아닙니다. 마음 없는 위로와 쓸데없는 조언, '노오오오력'과 '아프니까 청춘이다'처럼 설령 맞더라도 아무 의미가 없는 말이 참 많죠. '논리적임'이 말과 글의 진짜 가치를 담보하지는 않습니다. 물론 모를 일입니다. 안철수 후보가 당시 '논리적으로 참'이면서도 의미 있는 말을 했을 수도 있죠. 아닐 수도 있고요.

#안철수 #논리 #참 #노오오오력 #아프니까청춘이다

새끼 오리와 아프리오리

'레임덕'은 임기를 마치는 공직자가 오리가 뒤뚱대듯 일을 못하는 현상을 뜻하는 단어입니다. 물론 임기가 반이 남아도 레임덕이 올 수 있죠. (판사님, 아닙니다!) 오리는 자주 비유되는, 인간과 친한 조류입니다. 닭과는 달리 (아니라니까요, 판사님!) 사람도 잘 알아보죠.

오죽하면, 태어나고 처음 보는 사람을 그냥 따라갑니다. 그런데 우리도 썩 다르지 않습니다. 모르는 것투성이인 세상에서 신뢰할 사람보다 의지할 사람이 더 급박할 때가 많죠. 남을 따르는 것은 태어나기 전부터 우리 안에 있는 성질 중 하나일지도 모르겠네요.

그런데 과연 태어나기 전에 아는, 경험 이전의 앎이 있을까요? 여러 철학자들이 가장 많이 고민했던 주제입니다. 경험 없이 알 수 있는가? 경험만이 알려줄 수 있는 것은? 경험을 '경험'으로 만드는 무언가가 있지 않을까? 결국 "선험과 후험의 논쟁"으로 요약되죠.

영어 단어 prior(~보다 앞선)로 익숙한, '먼저'라는 뜻의 라틴어 아프리오리a priori. 오리가 처음 보는 사람을 따르듯, 경험에 앞선 앎의 여부 논쟁에 늘 나오는 개념입니다. 아프리오리에 대해서는 철학자들의 의견이 바람에 나는 오리들처럼 갈립니다. 과연 경험과 무관하게 알 수 있는 것이 있을까요? 있다면, 새끼오리들에게 어미는 선험적인 존재일까요? 없다면, 왜 따르는 걸까요?

#새끼오리 #아프리오리 #레임덕 #선험적 #후험적 #이거궁금했어

뷔리당의
당나귀와 짬짜면

짜장면과 짬뽕을 두고 우리가 고민하는 까닭은, 짜장면과 짬뽕 둘 다 먹고 싶기 때문일 것입니다. 둘 다 먹고 싶어서 안달이 났지만 하나만 먹고 싶을 때 우리는 결정하지 못한 채 쩔쩔매고, 같이 앉은 사람의 배는 점점 고파오죠. 선택지의 다양성은 우리에게 선택의 자유를 주는 것처럼 느껴지지만, 오히려 우리를 옥죄는지도 모르겠습니다. 대형 마트의 라면 코너에서처럼 말입니다.

이런 고민을 하다가 굶어죽은 당나귀도 있다고 합니다. 중세 프랑스의 유명론 철학자 장 뷔리당Jean Buridan이라는 사람이 했다는 '뷔리당의 당나귀' 이야기(뷔리당의 글 어디에도 이 이야기는 없답니다)는 합리적 선택에 대한 오묘한 통찰을 제공합니다. 양

쪽에 동일한 양질의 건초가 있을 때 당나귀는 무엇을 먹을지 몰라 아무 건초도 먹지 못하고 죽었다는 이야기. 다소 황당한 이야기이지만, 짜장면과 짬뽕 사이에서 고민하며 시간을 보내는 친구 한 명쯤은 있으실 테니 납득하기 어렵지는 않으실 거예요.

인간의 자율적인 선택이라는 것이 얼마나 우스운지요. 우리는 늘 자유를 갈망하며 억압으로부터 선택의 자유를 부르짖지만, 정작 우리에게 이상적인 선택의 자유가 주어졌을 때는 당황하고 방황합니다. 항상 풍족한 식사를 꿈꾸지만, 짜장면과 짬뽕 사이에서 고민하며 배를 곯는 모습이 우리의 자화상입니다. 물론 용기 있는 자들은 선택의 의지를 불태워 짬짜면을 만들곤합니다. 하지만 시간이 지나면 짜장면과 짬뽕, 짬짜면 사이에서 고민하며 배를 곯는 바로 그 모습 또한 우리의 모습이죠. 자유로운 선택이 때로는 가장 부자유스럽습니다.

#당나귀 #짜장면 #짬짜면 #뷔리당 #자유 #선택 #취향

5부

어쩌면 철학은

죽을 때 웃는다고?

고대 아테네의 철학자 크리스푸스는 자기 개그에 웃다 죽었습니다. 당나귀가 무화과 열매를 먹는 걸 보고 "저 녀석한테 와인이라도 가져다줘!"라는 농담을 던지고 웃다 죽었다고 전해집니다.

크리스푸스는 평소 운명을 믿었고, 영혼에 해가 되는 감정은 제거하라고 가르쳤습니다. 감정을 절제하는 운명론자가 본인의 부장님 개그에 웃다 죽다니. 죽음은 웃음 곁에 없지만, 웃음은 죽음 곁에 있습니다.

#웃음 #죽음 #크리스푸스 #철학 #운명론

과연 누구를 잡아야 될까?

경찰과 도둑 중에서 누가 더 법의 유지에 충실한 사람일까요?
아무래도 경찰이겠죠. 법의 이념을 지키기 위해 노력하고, 법
을 어기는 사람이 있다면 잡으니까요. 그렇다면 경찰과 도둑 중
에서 누가 더 법의 발전에 충실한 사람일까요? 경찰일까요? 어
쩌면 도둑일지도 모르겠습니다. 도둑들은 대개 법의 빈틈을 잡
아내어 그 좁은 틈을 뚫으려는 사람들이니까요. 바이러스가 없
으면 백신이 없듯 도둑이 없다면 법의 허점을 알고 고쳐나갈 기
회가 없어지겠죠. 미래의 법률가들은 과거의 도둑들에게 표창
장이라도 주어야 할지도 모르겠군요. 그렇다면 이제 경찰은 법
의 발전을 막는 사람들이 되어버리는군요. 잡아야 할 사람은 경
찰일까요, 도둑일까요?

#경찰 #도둑 #누구를잡아야

왕좌의 게임 속 철학

20세기 중반 유럽을 지배했던 철학은 다름 아닌 실존주의였습니다. 세계대전 후 대표적인 실존주의자 장 폴 사르트르는 역사라는 시간적 배경의 변화를 잘 포착하여 그 안에서 인간 개인이 삶의 순간을 직접 선택해나간다고 믿었습니다. 그의 지휘 아래 실존주의는 폐허가 된 유럽을 일으키도록 돕는 것 같았습니다. 그러나 화무십일홍花無十日紅(열흘 붉은 꽃은 없음. 즉, 권력이나 부귀영화는 오래가지 못함)이라던가요. 그를 왕좌에서 끌어내리는 이가 등장합니다.

바로 프랑스의 인류학자 클로드 레비스트로스였습니다. 그는 문명의 접촉이 전혀 없는 여러 민족의 삶을 조사했었죠. 그가 관찰한 바에 따르면, '역사와 무관한 민족'이 존재합니다. '역사를

잊은 민족에게 미래는 없나'니, 말끝 이수한 우리에게 이 말은 다소 아리송합니다만, 의외로 간단합니다. 100년 전의 증조할아버지와 내가 똑같은 강가에서 똑같은 물고기를 잡아먹고 똑같은 움막에서 생활하는 민족에게 역사란 무의미하다는 것이죠.

그래서 레비스트로스는 시간보다 공간을 강조합니다. 어떤 시간의 지배를 받으며 삶을 선택하는지가 중요한 것이 아니고 어떤 공간에 묶여 사는지의 여부가 내 삶의 구석구석을 결정해 준다는 것이죠. 이 이야기를 들은 사르트르는 충격이 이만저만이 아니었습니다. 하지만 레비스트로스는 여기서 끝내지 않고 '후대의 신화학자들이 20세기 중반의 신화를 연구한다면 실존주의를 연구할 것'이라는 결정타로 사르트르를 완전히 끌어내립니다. 철학계에서도 왕좌의 게임이 치열하죠?

#실존주의 #사르트르 #레비스트로스 #시간 #공간 #왕좌겜

'다른 사람'이라는 이름의
메두사

아테나 여신의 미움을 받아 치아는 톱니처럼 변하고 손은 청동으로 변하는 등 흉측한 외모를 갖게 된 메두사. 그는 뱀의 혀를 갖게 되었을 뿐만 아니라 머리카락이 모두 뱀으로 변하게 됩니다. 그러나 저주의 백미는, 메두사를 본 자는 공포에 떨며 돌로 변한다는 것에 있었습니다. 그러나 무적일 것만 같은 메두사는 페르세우스가 방패에 거울을 달아 메두사의 얼굴을 보지 않고 칼로 쳐서 죽이는 것으로 생을 마감합니다.

얼굴을 보면 돌로 변한다는 메두사는 그렇게 죽었습니다. 아니, 정말 죽었을까요? 우리는 가끔 쳐다보기만 해도 돌로 변할 것 같은 무서운 사람들을 만납니다. 숙제를 빼먹은 수업의 선생님을 만났을 때, 돈을 갚지 않은 사람을 만났는데 현금이 없을 때, 우리는 놀로 변하는 깃민 같은 느낌을 받쥬. 한 걸음 더 생각해보면, 다른 사람의 존재 자체가 우리를 굳게 만드는 것일지도 모르겠네요. 아무도 보지 않을 때의 나와, 누군가가 있을 때의 나는 전혀 다르니까요.

조금 무서운 이야기이지만, 지금 누군가가 당신을 바라보고 있다고 생각해보세요. 정말로 몸이 굳는 것만 같지 않나요? 응시당한다는 것 혹은 시선의 객체가 되는 순간은 우리에게 물리적인 공포를 심어줍니다. 반면에 시선의 주체가 되는 순간은 우리에게 승리감을 안겨줍니다. 술래잡기를 할 때 나의 위치를 파악하지 못하는 친구를 바라보며 즐겼던 것처럼 말이죠. 시선은 그 자체로 권력입니다. 시선의 주체와 객체를 수차례 번갈아가는 것이 우리의 일상이고요.

　메두사는 아직도 살아 있습니다. '다른 사람'이라는 이름으로 말이죠. 다른 사람의 시선을 눈치챘을 때의 (아무리 편안한 시선이라 하더라도 분명히 있는) 그 긴장은 우리를 일순간에 얼어붙게 만듭니다. 심지어 우리 자신이 메두사이기도 합니다. 상대를 응시하는 우리의 두 눈은 권력의 순수한 표상이죠. 우리는 수없이 많은 사람들을 보고, 그들로부터 보입니다. 메두사가 메두사를 바라보는 이 저주받은 세상. 우리를 구원할 테세우스는 어디에 있으려나요.

#메두사 #타자 #시선 #권력 #주체 #대상

합법적인 기억상실증

매년 8월 15일이 되면 광복절 특별사면으로 풀려나는 수감자들이 많습니다. 이날 풀려나는 사람들의 명단을 보고 있자면 조금 당혹스럽습니다. 배고픈 자식을 위해 라면을 훔친 아버지와 입시 원서비가 없어서 푼돈을 훔친 고등학생은 그 명단에 잘 보이지 않습니다. 반면에, 수백억 원이라는 가늠할 수 없는 금액을 횡령한 대기업 회장님들이 그 가증스러운 특별사면 명단을 채우고 있으니 말입니다. 하지만 경제 위기를 해결하기 위해 경제사범인 그들을 풀어준다는 정부의 합리적인 논리를 들으면 고개를 끄덕이며 납득할 수밖에 없습니다. 이제 성범죄를 해결하기 위해 강간범들을 풀어주기만 하면 되겠죠.

그가 지은 범죄는 여전하고 우리 모두 기억하고 있으나, 적극적으로 망각하는 과정이 사면이 아닐까요? 하지만 기억할 수 없는 것은 존재하지 않는 인간의 역사에서 사면은 그 자체로 역설입니다. 하긴, 잊기 위해 노력한다는 말 자체가 모순이죠. 그럼에도 우리 사회는 다양한 형태의 비정기적인 사면을 통해 범죄자들을 잊습니다. 성공한 쿠데타는 쿠데타가 아니었듯이, 세월호 참사는 그저 해상 교통사고였을 뿐이었듯이 말입니다. 그래서 "사면은 합법적 기억 상실증Amnesty is lawful amnesia"입니다. 사실은 절대로 잊어서는 안 될, 우리 사회의 미래의 방향을 결정지을 사건을 합법적인 절차를 통해서 잊어버리는 것. 인간과 마찬가지로 사회도 기억하는 존재입니다. 올해 광복절 특별사면을 통해 우리 사회는 어떤 기억을 상실할까요?

#기억상실 #특별사면 #이해불가 #기억과망각 #인식론

코레이아와 테크네

우리는 예술 작품의 아름다움을 감상할 때 종종 이런 헷갈림을 경험합니다. 예술 작품이 나에게 주는 언어로 다 표현할 수 없는 영감을 보고 아름다움을 이야기해야 할지, 예술 작품을 제작한 사람의 뛰어난 기술로 아름다움을 평해야 할지 헷갈리는 것 말입니다. 배우의 감정에 몰입해야 할지, 배우의 연기력에 감탄해야 할지 헷갈려보신 적 한 번쯤 있으시죠?

이 문제는 고대 그리스에서 사용했던 코레이아choreia와 테크네techne를 이해하면 간단하게 해결됩니다. 코레이아는 다소 종교적인 맥락에서 이해됩니다. 디오니소스 축제에서 영혼을 정화하고 신과의 합일을 기원하며 사람을 한껏 취하게 만드는 음악과 춤은 코레이아의 예술이죠. 반면, 회화나 조각, 건축과 같은 합리적 규칙에 따른 예술은 테크네로 이해해야 합니다. 규칙이 있고 지식을 전제로 하는 예술이죠.

예술과 예술을 이해하는 방법에 대한 수많은 논의가 있습니다만, 이 코레이아와 테크네의 구분에서 많은 논의가 탄생했습니다. 여러분은 예술을 감상할 때 어떤 방법을 더 많이 쓰시나요? 혹시 한 가지 방법만 사용하지는 않으셨는지요? 색다른 감상을 위해 이번에는 다른 방법을 사용해보는 것은 어떨까요? 전혀 다른 감상법은 아리스토텔레스의 말처럼 존재의 진실을 드러내줄지도 모르니까요.

#코레이아 #테크네 #예술작품 #취향 #내용없는인간 #존재의진실

묵자와 호빵맨

망토를 두르고 하늘을 날며 나쁜 이들을 무찌르는 호빵맨. 흔한 만화 속 영웅처럼 보이지만, 배고픈 사람을 만나면 자기의 머리를 떼어주는 호빵맨의 모습은 다른 만화에서는 찾아볼 수 없죠. 다소 기괴한 이 설정은 〈호빵맨〉의 작가 야나세 타카시ゃなせ たかし가 태평양전쟁 때 죽을 고비를 넘기고 돌아오는 동안 겪은 살인적인 배고픔을 바탕으로 만들어진 것입니다.

그의 생각에 세상에 배고픈 것보다 괴로운 일은 없는데, 만화 속의 영웅들은 배고픈 사람들을 도와주지 않는다는 것이죠. 그래서 그는 머리를 떼어내 배고픈 사람에게 건네주는 호빵맨을 창작합니다. 전 세계를 날아다니며 분쟁 지역에서 배를 곯는 어린이들에게 빵을 나누어주는 호빵맨은 그를 전투기로 오인하여 발사한 미사일에 맞는 것으로 최후를 맞이합니다.

고대 중국에도 호빵맨과 같은 철학자가 있었습니다. 봄春
과 가을秋이라는 이름에 걸맞지 않게 잔혹했던 춘추전국시대.
200여 개에 이르는 제후국들이 몇 개의 국가로 통합하는 과정
은 현대인이 상상할 수 없는 전쟁의 연속이었죠. 그 유명한 공
자나 노자도 이 시기에 활동했습니다. 혼란한 때에 무엇이 세상
을 이롭게 할까 고민했었죠.

모든 사람이 제 일을 하면서 서로 예를 갖추어야 한다고 생
각했던 공자는 정치로 뜻을 펼치기 위해 천하를 방랑했고, 노자
는 흙탕물에 손을 대보아야 더 흐려질 뿐이라는 생각으로 세상
살이에 손을 떼고 은둔하는 삶을 살았습니다. 그런데 이 두 사
상가를 강력하게 비판한 사람이 있었습니다.

예를 갖추다 보니 생기는 허례허식들을 감당할 수 없으니 예
는 집어치우라고 했던, 지식인이 손 떼면 사회 개혁은 누가 책
임을 지느냐고 목소리를 높였던, 싸우지 말고 백성들이 굶지 않
는 실용적인 정치를 갈망했던, 모든 사람을 차등 없이 사랑하라
는 사상을 펼쳤던 묵자가 바로 그 사람입니다.

그러나 묵자의 사상은 역사의 뒤안길로 사라집니다. 주류를 차지한 공자의 유가 사상을 못 이긴 것이죠. 그렇지만 백성과 노동자의 삶이 실제적으로 개선될 수 있도록 평생을 고민하며 싸웠던 묵자의 사상은 춘추전국시대뿐만 아니라 헬조선에서도 울림이 있을 것입니다. 백성의 실제적인 삶을 방관하며 정치인의 사익을 위해 싸우는 정치는 지금도 만연하니까요.

어쩌면 지금 우리에게는 묵자가, 아니 호빵맨이 필요하지 않을까요? 관행과 절차, 무능과 방관으로 점철된 정부보다는, 정치가 백성을 위하지 않고 누구를 위하느냐며 백성들이 겪는 배고픔의 문제를 실질적으로 해결하는 것을 최우선으로 삼는 묵자와 같은 사람. 배고픈 사람에게 자기 머리를 떼어 나누어주는 설정이 어린이들이 보기에는 잔혹하다는 비판에도 "자신의 희생 없이 어떻게 남을 배부르게 하겠느냐?"라고 대답한 야나세 타카시의 철학이 녹아든 호빵맨과 같은 사람을, 그런 정치인을 기대해봅니다.

#호빵맨 #묵자 #춘추전국시대 #공자 #노자 #희생

막장드라마와 일부일처제

우리네 세상은 연애 없이는 돌아갈 수가 없습니다. 연애하는 이들이 없다면 카페와 식당은 문을 닫을 것이고, 작가와 작사가는 아무것도 쓸 수 없을 테니까요. 연애라는 개념이 19세기 자본주의와 함께 태동했다는 고전적인 논의는 차치하고서라도, 경제라는 하부구조가 연애에 적잖이 기댄다는 것은 금방 알 수 있는 사실입니다. 그런데 우리가 눈치채야 할 것이 하나 더 있습니다. 대한민국 어느 곳에서라도 볼 수 있는 연애에 대한 묘사와 미화, 그리고 격려는 특정한 연애, 나아가 사랑에 대한 특정한 세계관을 전제하고 심지어 강요한다는 것입니다.

그것은 흥미롭게도 독점적 사랑, 모노아모리monoamory입니다. 한 사람은 오직 한 사람과 사랑으로 맺어진 관계를 유지해

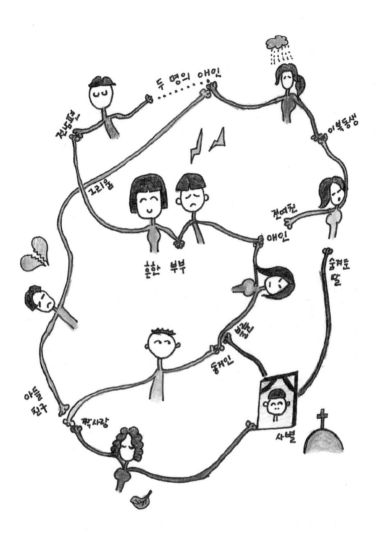

두 명의 애인

전남친

아북동생

그리움

전여친

애인

흔한 부부

숨겨둔 딸

아들 친구

동거인

짝사랑

사별

인간관계지도

야 한다는 사고입니다. 독점적 사랑이 특정한 세계관이고, 그것이 강요된다는 말에 놀라셨는지도 모르겠습니다. 그러나 독점적 사랑이나 일부일처제monogamy가 자연스럽다고 말하는 인류학자는 절대 없습니다. 인류의 과반수가 비독점적 사랑, 폴리아모리polyamory의 세상에서 살고 있고, 오직 16퍼센트의 국가만이 일부일처제를 법으로 정해놓았습니다. 독일 출신의 철학자 프리드리히 엥겔스가 《가족, 사유재산, 국가의 기원》에서 밝혔듯이 일부일처제는 여성의 종속과 억압, 유산을 편하게 물려주기 위해 발명한 사고에 불과하죠.

인간은 그 본성인 비독점적 사랑에 격렬히 매료되나 그만큼 격렬히 저항합니다. 그러나 본성과 싸워 이길 수 있는 사람은 없습니다. 모노아모리의 세상에서 불륜은 모든 사람이 은밀히 꿈꾸고 선망하지만 결코 드러낼 수 없는 모순이죠. 텔레비전을 지배한 막장드라마는 이러한 인간의 생물학적 본성과 사회적 초자아의 숨 막히는 추격전의 긴장을 환상적으로 풀어냅니다. 막장드라마가 막장인 이유는 그것이 불륜이라는 인간의 본성과 함께 본성을 금지하는 사회를 드러내기 때문입니다. 싫지만 싫어할 수 없는, 그래서 '욕하면서 보는' 막장드라마의 불륜은 막장이라고 불리기에는 너무나 뛰어난 인간학 교과서입니다.

#막장드라마 #일부일처제 #법 #기준 #엥겔스 #인간의본성

예수와 '달걀로 바위치기'

예수는 이스라엘을 향한 당대의 제국 로마의 부당한 폭력과 횡포를 폭로한 정치범이었습니다. 그런데 그는 퍽 독특한 방법으로 로마를 고발했습니다. 법의 화신인 국가가 개인에게 가할 수 있는 최종적 폭력 수단, 사형 제도를 역이용한 것이죠. 사형 제도는 구조 아래 인간의 존엄이 얼마나 파괴되기 쉬운지 분명하게 드러냅니다. '법의 본질의 치명적인 현현'이죠.

예수는 이 죽음의 체제, (율)법으로부터 인간을 변호하는 변호사였습니다. 그는 자신의 의뢰인을 구하기 위해 최종적 폭력 수단을 직접 당함으로써 제국의 법규가 갖는 정당성에 의문을 제기했습니다. 물음표를 던진 죄로 그는 십자가에서 죽게 되죠. 사형수와 변호사의 형상이 겹쳐져 나타나는 그의 모습으로 법의 폭력은 고스란히 해체의 시험을 받게 됩니다.

　그리하여 정의는 역설적으로 법의 '강한 힘'이 아니라 '약한 힘'에서, 법적 질서 앞의 무력함에서 나타납니다. 스스로가 희생양이 되어 법과 정의의 테두리를 희석시키는 행위가 법 너머의 정의를 관철시키는 신념입니다. 법 너머에 있는 정의란 이런 어리석은 시도("하나님의 어리석음", 〈고린도전서〉 1장 25절)로부터 드러납니다. 달걀은 바위를 깨지는 못하지만, 온몸을 바쳐 바위에 몸을 부딪쳐서 산산조각 남으로 바위의 견고함을 폭로할 수 있는 것이죠.

#예수 #사형제도 #목숨 #법규 #정당성 #의문 #해체 #정의 #달걀

생각의 시작

최초의 철학은 자연에 대한 철학이었어요. '왜 세상은 없지 않고 있는가?'에서 경이로움을 느꼈죠. 자연스러움, '스스로 그러함'에 질문을 느끼며 철학이 시작되었습니다. '스스로 그러한 존재', 자연自然에 대해 '그런가?'라며 지나치지 마세요. 그러함에 대해 따져봄이 생각의 시작이랍니다.

알파고와 포스트휴머니즘

세계 최고의 바둑 기사 이세돌 선수를 꺾은 알파고. 알파고를 두고 온갖 논의가 일어났지만 이런 질문을 던지는 사람은 본 적이 없는 것 같습니다. '알파고는 사람일까?'라는 질문 말입니다. 조금 어이없게 들릴지도 모르겠습니다. 특정한 능력 하나가 발달했다고 기계가 인간이 되느냐고 반문하시는 모습이 눈에 선합니다.

그러면 질문을 조금 바꾸어보죠. 알파고는 어떤 능력을 가져야 인간이 될 수 있을까요? 말을 해야 할까요? 공동체를 이해할 수 있어야 할까요? 욕망을 갖고 있어야 할까요? 종교를 가질 수 있어야 할까요? 마지막으로 하나 더 고민해보죠. 이러한 조건들을 충족하는 기계가 탄생한다면, 여러분은 그를 인간으

로 인정하실 건가요? 우리의 이런 고민들은 어디까지 인간인 가, 나아가 인간이란 무엇인가라는 근원적인 질문으로 우리를 안내합니다. 인간학적 고민의 시작이고 끝이죠.

역설적이게도 인간이 아닌 것이 인간을 흉내 내는 것을 통해 우리는 인간에 대한 고민을 깊이 합니다. 그런데 반대의 경우도 마찬가지입니다. 인간이 기계와 닮아갈 때에도 인간에 대한 고민을 하게 되죠. 사람의 팔과 다리를 하나씩 기계 장치로 바꾸고, 장기들도 바꾸어가는 모습을 상상해봅시다. 그렇게 시간이 지나 몸의 전부가 다 기계 장치로 이루어졌다고 했을 때, 그는 여전히 '인간'일까요?

포스트휴머니즘 담론은 이렇게 인간의 모습이 바뀌어가는 '트랜스휴머니즘'의 고민의 끝에 있습니다. 인간이 무엇인지를 인간 내부에서 고민했던 시대에서 이제 인간이 아니었던 존재들을 놓고 이것들과 인간이 무엇이 다른지를 고민해야 하는 것이죠. 인간이 아닌 것들을 통해 인간의 범위와 정의를 고찰해보는 이러한 방법은 기계의 발달이 자명한 미래에 더욱 심화될 것입니다. 다음에 나올 알파고 2는 어떤 능력을 가지고 있을까요? 인간에 대한 어떤 새로운 고민을 던져줄까요?

#알파고 #인공지능 #인간 #포스트휴머니즘 #트랜스휴머니즘

불의 신학이란

고대 그리스의 철학자 크세노파네스는 그리스신화의 신들을 비꼬면서 이렇게 말했다고 합니다. "만일 소와 말, 그리고 사자가 손을 가졌거나, 그들이 손을 가지고 그림을 그릴 수 있고 인간들이 하는 일을 행할 수 있다면, 말은 신의 모습이 자신들을 닮도록, 소는 소의 모습으로, 그리고 신들의 몸을 그들 각자가 가지고 있는 형태에 따라서 만들었을 것이다."

그리스신화에 등장하는 신들의 인간적인 면모를 지적하는 이 한마디로 크세노파네스는 당대 사람들에게 신에 대한 새로운 관점을 제시해주었을 것 같습니다. 그의 말대로 신이 꼭 인간의 모습을 할 필요는 없죠. 당신의 생각에 신이 있다면 어떤 모습을 하고 있을 것 같나요? 신이 물질에 얽매이지 않는다고 해도, 신의 모습을 물질에 투영해 상상해보는 것은 흥미로운 사고 실험입니다.

어쩌면 신은 불의 모습을 하고 있을지도 모르겠습니다. 불은 경계를 지우기 때문입니다. 이것과 저것이 다른 이유는 그 사이에 분명한 경계가 있기 때문일진대, 불은 그 경계를 가만히 지우고 재ash로 포섭합니다. 불 앞에서 많은 것들은 그 개성을 잃고 재로 변해가는 자신의 운명에 순종하죠. 불의 모습을 한 신을 상상해보신 적이 있나요? 당신이 상상해본 신은 어떤 모습을 하고 있나요?

#크세노파네스 #그리스신화 #신 #포스트휴머니즘 #트랜스휴머니즘

탈인간 시대와 사물권

철학과에 다니지만, 제가 가장 큰 지적 충격을 받았던 것은 복수로 전공하는 영문학과 수업에서였습니다. 하루는 교수님이 30년 뒤에 어떤 주제의 논쟁이 떠오를 것 같은지 물었습니다. 누군가가 페미니즘과 퀴어 담론을 말했으나 교수님은 가만히 고개를 저었죠. 젠더는 이미 주된 논쟁거리이고, 30년 뒤에는 너희들이 상상할 수 없는 담론이 나올 것이라면서요.

저는 손을 들고 '동물권'을 말했습니다. 생태와 환경에 대한 철학이 담론의 기제로 작동하지 않겠느냐고요. 교수님은 고개를 젓지도 끄덕이지도 않았습니다. 그 역시 아직 본격적으로 논의되지는 않지만, 분명히 논의되는 주제라는 것이죠. 손을 드는 사람이 더 없자 교수님은 생전 듣도 보도 못한 단어를 입 밖으로 꺼내셨습니다. 사물권. 네, 맞습니다. 책에 오타가 난 게 아니랍니다. 교수님은 정말 사물권이라고 말씀하셨어요.

사물권. 물질의 무작위적인 조합인 사물의 관점에서 인간과 세계를 해석한다면 어떨까요. 기계와 인간을 구별할 수 없을 때에, 인간은 스스로에 대한 해석의 권한 중 일부를 '물질'에게 양도해야 합니다. 이 흥미로운 이야기에 매료된 저는 더 조사했고, 이내 화학철학philosophy of chemistry이라는 분야가 있다는 것까지 알게 되었습니다.

이 글을 읽으시는 분 중에는 젠더 담론과 생태 담론도 어색하신 분이 많으실 거예요. 그런데 난데없이 사물권, 물질의 관점까지 고려해야 한다니 이 얼마나 터무니없는 이야기로 들리실까요. 그러나 상상의 나래를 멈출 이유는 없습니다. 모든 생명은 관성이 있어 그 자체를 유지하기 원합니다. 여기다가 열역학 제2법칙을 끌어들여서 화학적 구조를 지켜내고자 하는 성질을 실존이라고 해석해버린다면 어떨까요?

아직까지는 말 그대로 '상상'만 가능한 생각입니다. 그렇지만 이 터무니없는 소리가 30년 뒤의 담론을 장악할지 말지는 아무도 모르는 일입니다. 시간이 조금 더 지나면 '인간 너머'가 주된

연구 대상이 될 테니 말입니다. 기계가 바둑을 이기고 번역을 하는 마당에 기계와 물질에 대해서 고민하지 않고 인간을 고민할 수 있을까요?

인간 개념을 확장하는 것이 인권의 역사였다면 이제는 인간이 아닌 것들이 인간사에 개입할 것입니다. 낯선 방법론이 필요하지는 않습니다. 내가 남을 보는 시선을 꺾어 남을 보듯이 나를 보려는 시도가 서양의 전통적인 반성 철학이 아닌가요. 단지 '남'의 범주가 넓어질 뿐입니다. 아직 우리가 상상할 수 없는 범위까지, 아니, 상상만 할 수 있는 범위까지 말입니다.

인간이 인간의 자리에서 인간 밖을 탐구하던 시대에서 인간과 비인간의 경계에서 인간을 해석하는 시대로의 극적인 이양. 해체와 탈경계의 삶 속에서 탈인간적 인간이 학습할 가치관은 무엇일까요? 대학의 인문학과에서는 무엇을 가르치게 될까요? 정치와 윤리의 범위는 어떻게 바뀔까요? 저와 여러분은 그것들을 어떻게 받아들일까요? 그보다 30년이 지나면 어떤 주제의 담론이 수면 위로 떠오를까요?

#탈인간시대 #동물권 #사물권 #담론 #가치 #인간

잃어버린 신을 찾아서

고대사회의 인문학적 개념들은 인간과 신의 관계를 탐구하는 신비주의적 방법론이었습니다. 시간이 흘러 개념의 탐구는 인간 공동체의 문제를 정합적으로 해결하기 위해 관계와 공동체로 향했지만, 고대적 의미의 탐구는 늘 신을 향한 인간의 자세에서 비롯했죠.

제정일치 체제와 고대 지식인들이 성직자였다는 것을 보면 더욱 그러합니다. 인도의 브라만과 유대교 랍비들이 그 좋은 예시죠. 즉, 고대의 지적·영적 지도자에게 필요했던 덕목은 흥미롭게도 카리스마χάρισμα, 신이 내린 은혜와 같은 하사품이었습니다. 신이 내린 권위는 인간 사회의 무수한 개념과 문제를 해석할 수 있는 권위였죠.

《논어》 등에서 등장하는 '덕德' 역시 고대 아시아권 사회에서 해석학적 틀을 갖는 정치적·학문적 기득권이 마땅히 갖출 제왕학적 특질이었습니다. 신화학적으로 바꾸어 말하면, 고대사회의 기득권 찬탈 투쟁은 물질과 의식에 대한 해석의 최종 판결을 내릴 수 있는 권한에 대한 투쟁이라고 거칠게 요약할 수 있죠.

재미있는 것은, 고대 종교에서 엿보이는 이러한 해석학적 틀을 향한 투쟁은 가장 대표적인 근대적 학문이라 할 수 있는 법학으로 고스란히 이어졌다는 것입니다. 성문화된 법전을 맥락을 참조하여 구체적 사건을 해석하는 행위는 고대 종교 지도자들이 신들의 전언, 신탁을 통해 사회적 문제를 해결하는 과정과 크게 다르지 않습니다. 르네상스는 인간사를 신본적 기초주의에서 인본적 기초주의로 틀었기 때문이죠.

다시 말해, 르네상스를 거치며 인간은 기존의 신학적 해석학에서 벗어난 인간 이성에 대한 관념적 해석학이 필요했다는 것입니다. 고대와 근대의 극적인 만남이 이루어지는 순간이죠. 인간의 이성에서 비롯한 무수한 과학적 사고들은 경전을 창조했고, 경전이 되었으며, 기존의 경전들을 대체했습니다. 이성이 또 다른 이름의 신으로 불리게 된 까닭입니다.

그렇다면 한국 사회에 필요한 지도자는 어떠한 기초에 대한 해석학적 틀을 가진 사람이어야 할까요? 이 질문은 곧 현대 한국 사회에서 가장 중요하게 여기는 가치관에 대한 질문입니다. 그러나 다양한 가치관이 물결치고 뒤섞이는 우리 시대에 가장 중요한 가치관이라는 것이 있기는 할까요? 정치인이 얻는 카리스마는 최고의 권위를 갖는 어떤 기초에 기반을 두어야 할진대, 기초가 없는 우리 시대에 해석학적 틀을 논하기는 이미 글렀는지도 모르겠습니다.

　시대를 막론하고 지도자는 신의 수하입니다. 신이 없으면 지도자는 있을 수 없습니다. 고대의 지도자들이 신탁의 권위를 빌렸고 근대의 지도자들이 이성이라는 신들의 준칙들에 기대었듯이 말입니다. 우리네 신은 어디에 있는가? 포스트모더니즘이 난도질한 고대적 신과 근대적 이성을 땅에 묻은 우리는 어떠한 절대 원리를 어디서 찾아야 할까요? 정치성은 신성에서 기원합니다. 우리네 신은 어디에 있을까요?

#신 #인간 #해석학 #법학 #지도자 #포스트모더니즘 #절대원리

기계의 발달과 행복의 관계

영국의 산업혁명 시기, 정체불명의 지도자 N. 러드라는 사람이 지도하여 조직적으로 전개된 '러다이트 운동'은 일명 '기계파괴운동'입니다. 기계의 발달로 일자리 수가 심각하게 줄었는데, 이로 인해 일자리를 잃은 이들이 온갖 기계를 부수었던 것이죠. 기계의 발달이 사람들의 행복을 보장하지는 않나 봅니다.

#기계 #인간 #행복 #러다이트운동 #노동자보호

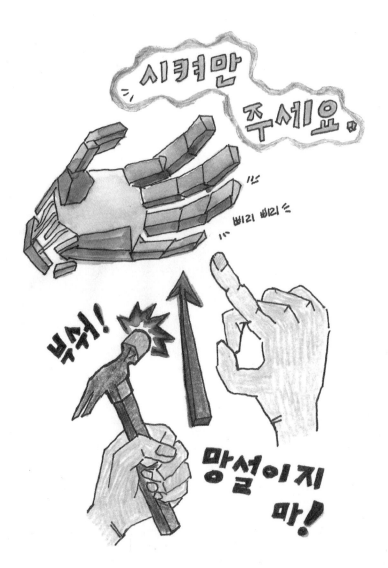

법과 악법

소크라테스가 말했다고 알려진 "악법도 법이다". 그러나 소크
라테스는 그런 말을 하지 않았습니다. 설령 그런 말을 했다고
하더라도 문제가 있는 법을 인정하는 뜻은 아니었겠죠.

누군가 소크라테스에게 '악법도 법이다' 같은 소리를 했다면
소크라테스는 이렇게 반문했을 겁니다. "법이 무엇이오? 악법
은 또 무엇입니까? 법과 악법은 누가 정하는 것이고, 누가 행하
는 것입니까?"라고요.

#인간학 #존재 #앎 #소크라테스 #기준은누가

칸트와 가터벨트

한 번도 지각하지 않을 수는 있지만, 한 번만 지각할 수는 없는 것이 강의실의 불문율입니다. 그런데 평생 두 번 지각한 사람이 있다면 믿으시겠어요? 칸트는 매일 3시 30분에 산책을 나갔는데, 평생 단 두 번, 장 자크 루소의 《에밀》을 읽을 때와 프랑스 혁명 기사를 읽던 때에만 늦었다고 합니다. 심지어 고향 쾨니히스베르크를 벗어난 적도 없습니다. 한 번 떠난 적이 있다는 이야기도 있지만, 마을을 벗어난 적이 거의 없다는 것은 분명하죠. 이쯤 되면 칸트가 고루한 골방 철학자같이 느껴집니다.

그런데 반전이 있습니다. 칸트의 재치와 말솜씨는 대단해서 사교 모임에도 늘 초대받았고, 어디를 가든 환영받는 사람이었다고 해요. 그런데도 평생 독신이었고, 커피와 담배도 그렇게 즐겼다고 하네요. 제자들도 그의 학문적 깊이는 물론 농담도 좋아했습니다. 자기 관리가 철저한 멋쟁이였죠.

충격적인 것은, 칸트가 '가터벨트'의 발명가라는 것입니다. 성적 상징물인 가터벨트를 만든 이가 독일의 대철학자라니, 이게 어찌된 일일까요? 당시 스타킹은 신축성이 없어 잘 흘러내렸는데, 고정을 위해 허벅지를 줄로 묶었습니다. 칸트는 묶는 것이 혈액순환을 방해한다고 생각했고, 고정할 수 있는 것이 필요하다고 생각하여 가터벨트를 만들었죠.

인간은 결코 수단이 되어서는 안 되고 오로지 목적이어야 한다고 주장했던 칸트. 그런데 그가 사람들을 위해 개발했던 가터벨트가 인간을 수단으로 만드는 성적 대상화의 상징이 된 것을 알면 얼마나 슬플까요? 인간을 끊임없이 수단으로 사용하는 우리네 세상을 보면서 말입니다.

#칸트 #가터벨트 #밤하늘의별 #이성 #인간 #수단과목적

전설적인 후설

철학만 한 동네북이 없습니다. 철학책 한 권 읽지 않아도 누구나 철학에 대해서는 떠들어댈 수 있거든요. 상황이 이러니 '철학적'이라는 말은 적잖은 경우 애매하고 복잡한 것을 말할 때 쓰입니다. 얼핏 보면 철학은 관념적이고 사변적인 학문 같기 때문이죠. 괜히 어렵게 뜬구름 잡는 소리나 하고 말이죠.

그런데 독일의 어느 철학자는 이에 반기를 듭니다. 그는 철학은 여타 과학과 마찬가지로 엄밀함을 지녀야 한다고 주장했고, 철학을 대하는 자세에서 철저함을 유독 강조했습니다. 그에게 있어 학문은 "모두에게 확실하게, 영원히 타당한 진리"를 탐구할 작업이었죠.

현상 자체를 볼 것을 강조한 현상학을 펼친 그는 하이데거의 스승으로도 유명한, 에드문트 후설입니다. 수학, 심리학 등 여러 학문을 두루두루 살피기도 한 그는 유대인이라는 이유로 히틀러 정권의 폭력에 시달리는 말년을 보냈죠.

그 덕에 4만 쪽이 넘는 그의 글들이 사라질 뻔했지만, 제자들이 그의 글을 모아 '후설 문고'를 세웠습니다. 후설 문고는 1950년 〈후설 문고〉를 발행하기 시작했고, 그의 저작은 여전히 잘 읽히고 있죠. 그의 이름은 후설이지만, 그는 이제 전설이 되었네요.

#후설 #전설 #현상학 #철학 #깨알재미

거짓말이 없는 세상의 철학

거짓말이 없는 세상에 철학이 있을까요? 사실 저는 이 질문에 대한 답이 미치도록 궁금합니다. 아무도 거짓말을 하지 않는 세상의 철학이라니, 구미가 당기지 않나요? 그런 세상이 있다면, 그런 세상에 철학이 있다면 그곳의 철학자들은 어떤 작업을 할까요? 아니, 할 수 있는 작업이 남아 있는지부터 검토해보아야겠죠. 철학의 네 분야, 형이상학과 인식론, 인간학과 윤리학은 어떤 과제로 남아 있을지 상상의 나래를 펼쳐봅시다.

'존재한다는 것은 무엇인가?' 혹은 '무엇이 존재하는가?'를 다루는 형이상학은 우리네 세상과 비슷한 형태로 남아 있을 것입니다. 제아무리 거짓말이 없다고 해도 모두가 진실을 알고 실천하는 것은 아니겠죠. 세상의 기초가 무엇인지, 인간의 삶의 목적은 무엇인지 그쪽 세상의 사람들도 끊임없이 고민하고 있을 것이 틀림없습니다.

'존재하는 무언가가 있다면, 우리는 그것을 어떻게 아는가?'를 파헤치는 인식론은 아마도 조금 다를 것 같습니다. 거짓말이 없다면 참과 거짓을 판단하는 능력이 우리처럼 발달하지 않았겠죠. 그렇다면 무언가를 알아갈 때 참과 거짓을 구분하지 않고 받아들일 것이고요. 바꾸어 말하면 거짓말이 있는 세상에 사는 우리는 참과 거짓을 구분하는 기술을 갖고 있고, 진리를 파헤칠 때 그 기술을 많이 쓴다는 말이 되겠군요.

'존재하는 무언가가 있다는 것을 아는 우리는 누구인가?'를 연구하는 인간학은 어떤 모습으로 연구되고 있을까요? 우리네 세상과는 꽤 다르지 않을까요? 인간의 인간에 대한 고민은 물론 평상시에도 깊지만 배신을 당할 때 유독 깊어집니다. 믿었던 인간관과 다른 인간을 마주할 때 비로소 인간에 대한 깊은 고민을 마주하게 되는 것이죠. 거짓말이 없는 세상에서는 배신이 일어나는 일이 훨씬 적을 테니, 인간학은 꽤 다를 것 같습니다.

'존재하는 무언가가 있다는 것을 안 우리는 어떻게 행동하며 살아야 하는가?'를 탐구하는 윤리학은 거짓말이 없는 세상과

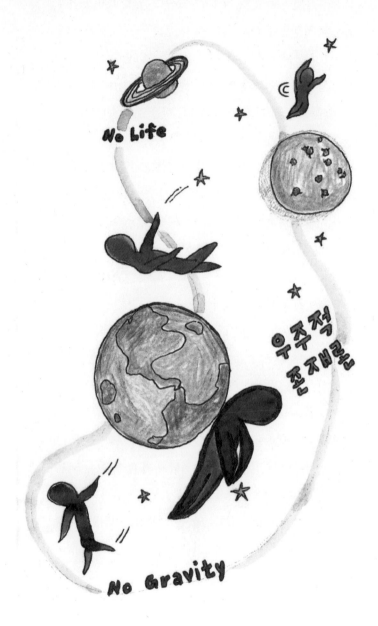

그렇지 않은 세상이 전혀 다른 모습일 것입니다. 우리네 삶의 윤리의 적잖은 부분이 남을 속이지 않는다는 것의 의미와 그 가치에 대해 논하는 것일진대, 거짓말이 없는 세상에서 그 논의는 생략될 것이 당연하기 때문이죠. 거짓말이 없는 세상의 윤리학자는 아마도 그 세상에서 제일 편한 직업일 것입니다.

거짓말이 있든 없든 형이상학은 같을 것이나 인식론은 조금, 인간학은 꽤 많이, 윤리학은 전혀 다를 것이라는 결론이 나오는군요. 그렇습니다. 눈치채셨다시피 형이상학에서 윤리학으로 갈수록 상상할 수 있는 모습은 더욱 달라지죠. 거짓말이 있든 없든 존재의 진리를 향한 우리의 탐구는 비슷할 것입니다. 그러나 그것을 알아가고, 우리 자신을 되돌아보고, 행동의 방향을 정하는 것에 대해서는 실제적이고 개인적인 고민들이 필요하죠.

우리가 사는 세상에서는 참과 거짓이 불투명하고 뒤섞여 있으며 중첩된 곳이기 때문입니다. 형이상학이 큰 주제를 다루어 어렵다면, 윤리학은 변화무쌍한 주제를 다루어 어려운 것이겠죠. 거짓말이 있는 세상에서 태어난 죄로 우리 이 다양한 주제들을 한껏 흡수해봅시다. 존재한다는 것은 무엇인가요? 그걸 알아가는 당신은 누구이며 어떻게 살아가야 하나요?

#철학 #형이상학 #인식론 #윤리학 #인간학 #존재 #앎

철학과에 지원한,
지원할 이들에게 드리는 편지

페이스북에 〈철학 개그〉를 만들고 이런저런 글을 쓰면서, 많은 분들로부터 연락을 받았습니다. 제 글을 읽고 철학책을 읽어보기로 했다거나, 철학과 수업을 들어보기로 했다거나, 철학을 부전공 삼기로 결정했다는 메시지가 도착하면 뿌듯하기 그지없었습니다. 그러나 무엇보다도 저를 충격으로 몰아넣은 건 "〈철학 개그〉 글을 보고 철학과에 지원하기로 결정했다"라는 메시지였습니다. 섬뜩했습니다. 2015년 11월 5일에 〈철학 개그〉를 만들었는데, 입시철이었던 것이죠.

철학과에 지원하기로 했다는 고등학교 3학년 학생들로부터 온 연락, 제 글이 누군가의 삶에 중요한 방향성이 되었다는 그 연락은 상당히 큰 두려움을 불러일으켰습니다. 더 당혹스러운 것은 그러한 연락을 많이, 꽤 자주 받았다는 점입니다. 많은 분들이 저로 인해 저와 같은 길을 걷게 되었다는 것은 한없이 기쁜 일이지만, 무서웠습니다. 철학은 단순히 '개그'로 온전히 읽어낼 수 있는 학문이 절대로 아니니까요. 헬조선 담론이 가득한 우리 시대에 철학과에 다닌다는 것에 관해 꼭 글을 쓰지 않을 수가 없었습니다.

이 글은 철학과에 지원한, 그리고 지원할 이들에게 드리는 편지입니다. '지금 여기'에서 철학을 공부한다는 것에 대한 제 치열한 고민을 담았으니 철학과와 관련이 없는 분들도 흥미롭게 읽으실 수 있을 거예요. 이 글은 철학에 대해 아무것도 모르는 일개 철학과 학부생의 글입니다. 두툼한 신간을 출간하면 일간지 전면을 가득 채우는 인터뷰를 하는 철학과 교수님들의 인터뷰와는 전혀 다를 겁니다. 철학은 '지혜를 사랑하는 학문'이라면서 철학과 졸업생들의 취업률을 동시에 소개해주는 신입생 오리엔테이션과도 전혀 다를 것이고요. 제가 가진 많은 맥락을 배제하고 글을 쓸 수는 없겠지만, 무엇보다도 철학 공부에 대한 실제적이고 현실적인 이야기를 담고 싶었습니다.

철학과에서는 무엇을 배우는가?

철학과에 간(갔)다면 꼭 듣는 질문 중 하나가, '철학과에서 무엇을 배우느냐'죠. 참 많은 것이 중첩된 질문입니다. 사람들은 '거기 쓸데없는 곳 아니냐? 그런 곳에 왜 가고 싶다는 거냐?'라는 의미로 대부분 그 질문을 던지곤 합니다. 사주팔자와 손금 보는 법을 왜 대학까지 가서 배우느냐고 물을 수도 있겠습니다 (생각보다 이런 사람이 적지 않답니다). 물론 누군가는 정말 철학이 무엇인지, 철학과에서 무엇을 다루는지 궁금해서 물어볼 수도 있죠.

철학과에서는 철학이 아니라 '철학을 하는' 방법을 배웁니다. "철학은 가르칠 수 없고 오직 가르칠 수 있는 것은 철학하는 방법"이라는 독일의 철학자 임마누엘 칸트의 말을 인용하지 않더라도, 철학과에서 열리는 수업의 첫 강의를 들으면 누구나 깨달을 수 있습니다. 준비해올 교과서와 시험 범위가 있고, 교수님이 정한 답안과 학점이 있는 철학과 수업에서 배울 수 있는 것은 철학이 아니라 철학을 하는 방법입니다.

철학이 무엇이고 무엇이 철학인지 (두 질문은 엄연히 다릅니다) 논해보자는 것이 아닙니다만, 우선 모든 철학자들이 공통적으

로 고민했던 것이 무엇인지 기억할 필요가 있습니다. 그것은 '모든 것'입니다. 철학자들은 모든 것을 고민했습니다. 모든 것에 대한 엄밀한 사유를 하기에 도리어 아무 쓸모가 없어 보이는 것이 철학의 겉모습이죠. 세상만사 모든 것에 도전한다는 두근거리는 꿈은 우리 같은 젊은이들을 현혹하기에 딱 좋습니다. 그래서 많은 이들이 모든 것에 대한 사유를 할 수 있으리라는 풍운의 꿈을 안고 철학과의 문을 두드립니다.

대학교 1학년 때, 다른 학교 철학과에 다니는 친구를 만나 서로 왜 철학과에 왔는지 이야기했던 적이 있습니다. 친구는 철학의 주제들 중에서도 유독 '올바름'에 관심이 많아 가만히 앉아 사색하기를 즐겼다고 합니다. 그래서 철학과에 진학했다고 했지만, 후회하는 듯 한숨을 푹 쉬었습니다. 철학과에 오면 올바름을 깊이 고민할 수 있으리라 기대했는데, 막상 지금 배우고 있는 것은 올바름 그 자체가 아니라 플라톤이 생각한 올바름과 칸트가 생각한 올바름이고, 중간고사 문제는 칸트와 플라톤이 생각한 두 올바름에 대한 비교였다면서 말입니다.

그러나 그것은 제 친구의 명백한 오해였습니다. 철학'과'는 그런 곳입니다. 올바름이라는 그 한없이 넓은 주제에 들어가기 위해서는 플라톤과 칸트라는 사람이 어떤 생각을 했는지 '반드시' 공부해야 합니다. 그렇지 않다면 내가 죽어라 고민한 결과가 이미 그들이 수백 수천 년 전에 내놓은 낡은 것이겠죠. 선대의 스승들이 가졌던 고민과 그 결과물을 (마음에 들지 않더라도) 흡수하고 반성해야 그 위에 벽돌 한 장을 놓을 수 있는 것입니다. 그것이 모든 것에 대한 사유를 할 최소한의 자격입니다.

그래서 철학과에서 공부하는 모습은 꼭 고고학을 공부하는 것 같습니다. 내 생각을 배제한 채 당시에 무슨 일이 있었는지, 누가 무슨 말을 했는지에만 집중하는 것을 보면 말입니다. 그렇다고 철학과에 오면 '내 생각'이라고는 하나도 가질 수 없는 것은 아닙니다. 내 생각이라는 것을 아주 조심스럽고 천천히, 밀도 있게 가지는 법을 배우는 것이죠. 분명한 의견 하나를 갖기 위해서는 무수한 사람들의 고민을 들어야 한다는, 어쩌면 너무나도 당연한 이야기입니다.

혹시 철학과에서 공부하면 상상의 나래를 펼치며 생각에 빠질 수 있다고 여기셨으면, 철학과에 진학하는 것을 재고하시기를 권합니다. 철학은 사유를 전제로 하지만, 모든 사유가 철학이 되는 것은 아닙니다. 해 아래 새것이 없습니다. 신선한 사유를 위해 낡은 고전을 읽어야 하고, 책 속으로 직접 들어가기 위해 외국어를 공부해야 합니다. 철학과에서는 철학이 아니라 철

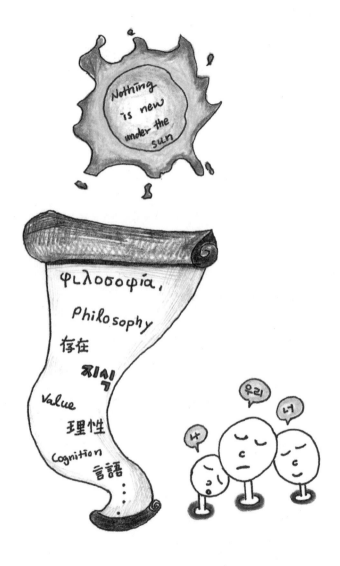

학을 하는 방법을 배웁니다. 철학하는 방법부터 차근차근 배우기 원하신다면, 그 지난한 과정을 버틸 생각이 있으시다면, 잘 부탁드립니다. 저도 그 길을 걷고 있습니다.

철학과를 졸업하면 무엇을 하는가?

철학과에 합격하고 무엇보다 들떴던 것은 이제 저 스스로를 '고등학교 3학년입니다'가 아니라 '철학과 1학년입니다'라고 소개할 수 있다는 것이었습니다. 대학에 올라온 저는 만나는 사람들로부터 왜 철학을 공부하기로 했는지, 철학을 통해 무엇을 하고픈지, 철학이 얼마나 매력적인지에 대한 질문을 받기를 기대했습니다. 정말 자신 있게 대답할 수 있었으니까요. 그러나 그런 질문은 받은 적이 거의 없었습니다. '철학과 1학년입니다'라는 자기소개 뒤에는, '고등학교 3학년입니다'라고 소개했을 때처럼 측은한 눈빛이 뒤따랐습니다.

학벌주의 사회가 설계해놓은 잔혹한 대학 입시의 정글에 놓인 고등학교 3학년을 (전혀 의도하지 않았더라도) 걱정하고 위로하는 눈빛으로 보면서 대학 수능이 며칠이나 남았는지 저도 모르게 세어보는 것처럼, 대학 입시 이상으로 사람을 처절하고 비참

하게 만드는 취업 시장과, 문과라서 죄송한 현실에 던져진 철학과 1학년을 그런 눈빛으로 보는 것이겠죠. 당연히, 너무나도 당연히 그 눈빛이 싫었습니다. 그래서 저는 누가 묻지 않아도 먼저 이야기했습니다. 나는 철학을 공부하고, 내 꿈은 무엇이고, 지금 이런 일을 하고 있고, 그게 어떤 가치가 있는지에 대해서 말입니다. 기분이 참 좋았습니다.

철학과를 졸업하면 무엇을 하는가, 라는 익숙하고 오래된 질문. 그러나 더 익숙해지고 더 오래 지속될 그 질문에 대해서 철학과에 지원하고 싶은 사람과 그들의 부모님들은 많이 고민하곤 합니다. SNS를 통해 저에게 그 질문을 하는 분들도 더러 있습니다. 아직 졸업도 못 했지만, 철학과 학생인 만큼 제가 그 질문에 대해 충분히 고민했으리라고 생각하시는 것 같습니다. 그러나 저는 그 질문에 전혀 답을 할 수가 없습니다. 사실, 그 질문에는 아무도 답을 하지 못합니다. 제가 아직 졸업을 해보지 않아서 그런 것이 아닙니다.

애초에 그 질문 자체가 그릇되었기에 그렇습니다. 철학과를 졸업하'면 무엇을 하는'가? 우리는 이 질문을 주고받는 것에는 익숙합니다만, 이 질문에 대해서 질문해본 적은 없는 것 같습니다. 다시 한 번 찬찬히 뜯어봅시다. 철학과를 졸업하'면 무엇을 하는'가. 무언가 이상하지 않나요? 지금 대한민국에서 철학과에 소속된 사람들의 수를 어림잡아도 1만 명이 넘습니다. 각자자기 삶을 사는 21세기에, 1만 명이 넘는 사람들이 몸담고 있는 곳에서 정해진 공부를 마치면 모두가 똑같은 일을 해야 할까요? 왜요? 어떻게요?

제가 다니고 있는 학교의 철학과를 졸업하신 선배님 중 한분은 현직 성형외과 의사이십니다. 철학과를 졸업하고 의학전문대학원에 입학하신 것이죠. 오해하지는 말아주세요. '철학과에 오면 의사도 될 수 있다'는 헛소리를 하자는 것이 결코 아닙니다. 전공에 얽매일 이유가 전혀 없다는 말씀을 드리고 싶은것입니다. 철학과를 졸업하면 무엇을 하느냐는 질문을 받으시면 망설이지 말고 되물어보세요. 철학과를 졸업하면 무엇을 해야 하느냐고요. 철학과를 졸업하면 해야 하는 것이 정해져 있느냐고요. 네, 없습니다. 모두 다 나름입니다.

우리 모두 하고픈 것이, 할 수 있는 것이, 해야 하는 것이 있습니다. 그 무한한 다양성을 단지 같은 전공을 가졌다는 이유로 묶으려 한다 해도 묶을 수가 없습니다. 살면서 적어도 둘에서 셋의 직업을 가지게 된다는 시대에 살면서 대학에서 배운 전공으로 그 사람의 직업과 미래를 예측하고 재단하려는 태도는 그 자체로 모순입니다. 그러한 질문에 개의치 마세요. 시작부터 그릇된 그 질문에 대답을 머뭇거렸다고 철학에 대해 갖고 있는 자신의 열정을 스스로 꺾지 마세요. 철학과를 졸업했다는 것이 우리의 미래를 결정할 수는 없습니다. 하고픈, 할 수 있는, 해야 하는 것을 해야죠. 이렇게까지 설명해주어도 알아듣지 못하는 사람이 있다면, 이렇게 대답해주세요. '철학과를 졸업하고 제가 하고픈, 할 수 있는, 해야 하는 것을 할 거예요'라고요.

철학과에 왜 가는가?

그러나 무엇보다도 가장 근본적인 질문, 너무 근본적이어서 우리 자신까지도 설득해야 할 질문이 있다면 그것은 곧 '철학과에 왜 가는가?'라는 질문이 될 것입니다. 철학이 도대체 어디에 무슨 쓸모가 있기에 그런 것을 전공까지 삼아 시간과 돈과 기회를 낭비하느냐는 물음은 정말 수도 없이 마주하게 됩니다. 그 질문의 무게는 참으로 묵직해서 철학과를 다니고 있는 저조차도 스스로에게 묻고 있습니다. 해보니까 재미있기는 한데, 젊었을 때 잠깐, 대충 배우고 말 것 아닐까? 철학이라는 뜬구름 잡는 쓸모없는 것을 어디다 쓰느냐는 오래된, 그러나 늘 새로운 질문.

소크라테스도 그 질문의 칼날을 벗어날 수 없었습니다. 철학이 쓸모없다는 일명 '철학 무용론'을 제기하는 아데이만토스의 날 선 질문을 말입니다. 소크라테스는 차분히 듣고는 대답합니다. 그는 배에서 키를 잡는 항해 기술자가 몸싸움을 못 해 힘센 선원들이 키를 잡아 배가 엉뚱한 방향으로 움직인다면, 그것이 누구의 잘못인지 되묻습니다. 그것이 키잡이의 잘못이냐는 것이죠. 아데이만토스는 그렇지 않다고 대답합니다. 배를 운전할 수 있는 사람을 두고 마음껏 배를 움직이는 선원들의 잘못이라고요.

철학의 아버지, 소크라테스는 이야기합니다. 철학자가 꼭 키잡이와 같다고요. 철학자가 갈고닦아 얻은 뛰어난 능력들을 충분히 발휘하지 못한 것만 보고 책임을 묻는 것은 정당하지 않습니다. 능력이 뛰어나다고 다 쓰임을 받을 수 있는 것이 아니니까요. 철학자들의 재능과 지혜가 다 발휘되지 않는 것에는 그들의 재능과 지혜를 존중하지 않은 힘센 이들의 잘못도 분명히 있다는 것이죠. 눈에 띄게 가치를 발현하지 못하는 이들을 탓하기 이전에, 그들이 빛을 내지 못하는 이유를 면밀히 살펴보아야 합니다.

'쓸모 있다'는 것은 고독하게 정의내릴 수 있는 가치가 아닙니다. 사회의 구조와 공동체의 지향, 시장의 흐름과 정부의 정책, 사람들의 사고방식과 역사의 물결의 총체 속에서 쓸모 있음에 대한 정의가 내려지겠죠. 항상 그랬습니다. 이것은 극도로 수동적인 가치이므로 대단히 조심스럽게 접근해야 합니다. 철학의 쓸모와 철학을 배우는 것에 대한 쓸모 있음이 갖는 가치 역시 마찬가지입니다. 그 가치를 찾아 키우는 책임은 철학자들에게만 돌리는 것은 온당하지 못합니다. 가치 생산이라는 대과업을 철학자들이 어떻게 홀로 수행하겠습니까.

그러므로 '철학과에 왜 가는가?'라는 질문이 대개 함축하는 '철학을 배워서 어디다 써먹을 것이냐?', 더 구체적으로 들어가 '순수 학문인 철학은 실용적 가치를 창출하지 못하지 않느냐?'는 것은 참으로 우스운 우문愚問입니다. 철학의 쓸모없음을 전제로 하는 이들은 철학이 정말로 쓸모없다고 생각하는 것이 아니라 철학이 '내가 보기에' 쓸모없다고 하는 것이거든요. 철학책 한 권, 철학자 한 명 몰라도 '나'는 잘 사는데 '너'는 그런 걸 왜 하느냐는 말입니다. 가치라는 거대한 개념을 '나'라는 개인의 차원으로 환원시키는 그 거만한 자세.

되묻고 싶습니다. '너'는 어떤 공부를 하고, 어떤 일을 하느냐고요. 그 공부와 일이 '나'에게 어떤 가치가 있는지 증명해보라고요. 쉽지 않은 작업이죠. 가치라는 것은 끔찍한 만큼 주관적입니다. 모든 사람을 만족시킬 일은 단언컨대 결코 없습니다. 그것이 사회적으로 아무리 인정받는 일이라고 해도요. 철학이 무엇인지에 대한 일말의 고민 없이 철학의 무용성을 전제하며 철학의 가치를 설득하고 증명하라는 폭력적인 말을 펼치는 이들의 질문은 묵살해도 좋습니다. 그대의 철학 공부가 그따위 불성실한 질문에 답하기 위해서는 아니기에.

철학은 하나의 방법론입니다. 사유하고 반성하는 그 작업을 과학에 적용하면 과학철학을, 정치에 적용하면 정치철학을 낳습니다. 온데간데 다 붙여도 그럴듯한 말이 나오는 이유는 철학이 값싼 소비재여서가 아니고, 철학이 가진 끊임없는 유연성 때문입니다. 그래서 철학을 활용하여 만드는 가치는 오용하고 왜곡하기 쉽고, 또 위험하기도 합니다. 이를 예방하기 위해 우리는 더더욱 철학의 연구 대상인 '모든 것'을 고민해야 하는 것이죠. 가치는 '모든 것'이 협동하여 만드는 것이니 말입니다.

철학과에 진학한다는 것이 반드시 철학 연구에 목숨을 걸겠다는 뜻은 아닙니다. 철학을 공부해서 그대가 생각하는 '쓸모 있음'을 더 닦을 수 있다면 그것은 참 멋있고 훌륭한 일입니다. 언론·정치·문학·정치, 심지어 의학까지. 철학이 갖는 그 무한

한 유연성을 배워 내가 하고픈, 할 수 있는, 해야 하는 일에 더 근사한 도전장을 내밀고 싶음. 그것도 철학이고, 그것을 배우기 위해 철학과에 가는 것입니다. 평생 철학을 연구하는 것만이 철학도의 일이 아닙니다. 철학의 '활용'에 대해서 고민하는 것도 우리가 풀어내야 할 중대한 과제입니다.

* * *

철학과에 지원한, 그리고 지원할 이들을 위한 편지입니다. 철학과에서 다루는 대상을 알아야 마음의 준비를 할 수 있기에 '철학과에서는 무엇을 배우는가?'라는 질문에 부족한 답을 펼쳤고, 철학을 공부하는 누군가의 꿈이 철학과 졸업장에 의해 제한될 이유가 전혀 없다는 말씀을 드리기 위해 '철학과를 졸업하면 무엇을 하는가?'를 썼습니다. 그리고 철학이 다루는 것이 철학 그 자체뿐만 아니라 그 활용이기도 하다는 말씀을 드리고 싶어 '철학과에 왜 가는가?'라는 냉소에 답할 의무를 느꼈습니다.

제가 가장 싫어하는 글이 '내 생각'일 뿐이라고 말하며 그 무게에 대한 책임을 회피하는 글이지만, 이 글에 내려질 양면적인 판단들에 대해서는 달리 변명할 방법이 없습니다. 이 글은 철학과와 철학에 대해 다루기에는 너무 어리고 미숙한 저의 단순한 생각에 불과합니다. 그러나 이 글은 동시에 많은 이들을 위한 인문학을 꿈꾸며, 모든 사람이 책을 읽는 사회가 그렇지 않은 사회보다 나을 것이라는 신념을 갖고 하루하루를 치열하게 살아가는 철학도인 '내 생각'입니다. 조촐하지만, 여러분께 제가 단 하루도 빠짐없이 고민한 작은 결과물인 '내 생각'을 대접합니다.

꿈을 꾸고 싶습니다. 지금 이 글을 읽는 당신과 함께 철학책을 읽고 치열한 토론을 벌이는 꿈 말입니다. 같이 사람의 생각에 대해서 생각해보는 사람이 되어보는 것이죠. 철학과에 지원하든 그렇지 않든 당신과 같이 '모든 것'에 대해 고민해보는 시간을 보낸다면 얼마나 좋을까요. 이 미천한 글 한 조각이 당신이 한 번 더 반성적으로 생각할 수 있도록 제가 도왔다면 그것으로 저와 제 글의 '쓸모'는 충분하리라고 생각합니다. 부디 이 글이 여러분께 쓸모 있기를 바랍니다.

#철학 #인문학 #유연성 #책 #철학개그

여하튼, 철학을 팝니다

ⓒ 김희림, 2018

초판 1쇄 인쇄일 2018년 1월 22일
초판 1쇄 발행일 2018년 1월 30일

지은이   김희림
그린이   길다래
펴낸이   정은영
주간   배주영
편집   임채혁
디자인   배현정 서은영
마케팅   이경훈 한승훈 윤혜은 황은진
제작   이재욱 박규태

펴낸곳   (주)자음과모음
출판등록 2001년 11월 28일 제2001-000259호
주소   04047 서울시 마포구 양화로6길 49
전화   편집부 (02)324-2347 경영지원부 (02)325-6047
팩스   편집부 (02)324-2348 경영지원부 (02)2654-7696
이메일   inmun@jamobook.com limchyuh@jamobook.com

ISBN 978-89-544-3824-7 (03100)

이 도서의 국립중앙도서관 출판예정도서목록(CIP)은 서지정보유통지원시스템 홈페이지
(http://seoji.nl.go.kr)와 국가자료공동목록시스템(http://www.nl.go.kr/kolisnet)에서
이용하실 수 있습니다.(CIP제어번호: CIP2017034553)